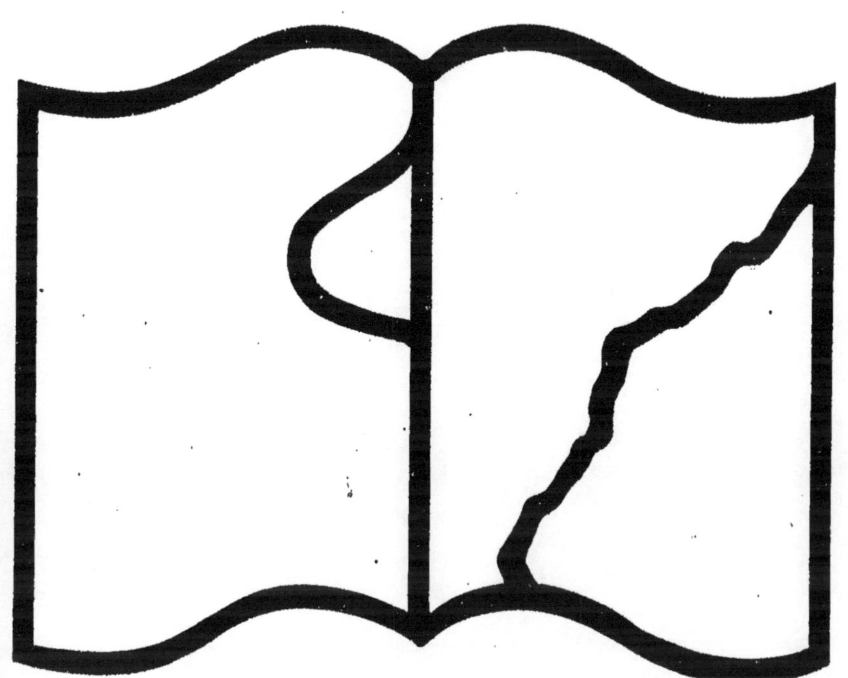

Texte détérioré — reliure défectueuse

NF Z 43-120-11

**Symbole applicable
pour tout,ou partie
des documents microfilmés**

GUYOT-DAUBÈS

Savoir apprendre!

LA MÉTHODE

dans L'ÉTUDE

et dans le TRAVAIL INTELLECTUEL

COMMENT ON PRÉPARE UN EXAMEN

PARIS

BIBLIOTHÈQUE D'ÉDUCATION ATTRAYANTE
PHYSIQUE ET INTELLECTUELLE
166, Boulevard Montparnasse, 166

1889

LA MÉTHODE DANS L'ÉTUDE

ET DANS LE TRAVAIL INTELLECTUEL.

COMMENT ON PRÉPARE UN EXAMEN

LA MÉTHODE

DANS L'ÉTUDE

ET DANS LE TRAVAIL INTELLECTUEL.

COMMENT ON PRÉPARE UN EXAMEN.

PAR

GUYOT-DAUBÈS

PARIS

BIBLIOTHÈQUE D'ÉDUCATION ATTRAYANTE
PHYSIQUE ET INTELLECTUELLE
166, Boulevard Montparnasse, 166
1889

AVANT PROPOS

Ainsi que nous l'avons déjà dit dans l'avant propos des dernières éditions de l'*Art d'aider la mémoire,* nous avions d'abord présenté notre travail en un seul volume qui comprenait trois parties distinctes.

La première était relative à la physiologie et à l'hygiène du cerveau au point de vue de l'étude et du travail intellectuel.

La seconde montrait comment on doit étudier afin de retirer de son travail la meilleure et la plus profitable utilisation.

Dans la troisième partie, enfin, nous nous occupions plus particulièrement des études dans lesquelles la mémoire joue un rôle prépondérant.

Les développements apportés successivement à ces différentes parties, nous ont obligé à les séparer en trois ouvrages distincts.

Nous avons donné d'abord :

L'ART D'AIDER LA MÉMOIRE

pour apprendre sans efforts, ne jamais oublier (1).

Prochainement paraîtra la partie relative à la PHYSIOLOGIE ET HYGIÈNE DE LA MÉMOIRE ET DU TRAVAIL INTELLECTUEL comprenant les développements suivants :

— Théories anciennes sur la mémoire. Mémoire physiologique. Mémoire organique et mémoire cérébrale. Les cellules du cerveau. La circulation du sang.

— Diverses sortes de mémoires. Les aptitudes. Facultés cérébrales. L'entraînement intellectuel. L'enchaînement des idées.

— Les mémoires insuffisantes. Des moyens propres à développer la mémoire et l'intelligence des enfants. La mémoire des adultes.

— Les accidents de la mémoire, chagrins, chutes, préoccupations. Travail excessif.

— Le surmenage intellectuel, chez les enfants et chez les adultes. Des moyens d'y remédier.

---

(1) Un volume, 5ᵉ édition, 250 pages, 31 chapitres, gravures ; prix, envoi franco, 3 fr. 25, relié toile anglaise titre or, 4 fr. 50.

Enfin, dans ces pages, nous présentons ce qui est relatif à la manière dont on doit étudier en général, en l'appliquant notamment à la préparation aux examens.

Ces trois volumes, bien que s'occupant de sujets différents, se complètent en réalité l'un l'autre et leur ensemble constitue, au point de vue du travail personnel, la théorie et la pratique de la méthode d'étude que nous préconisons.

On sait que cette série se termine par :

L'ART DE PASSER AVEC SUCCÈS LES EXAMENS (1).

Le but des études. — Le jour de l'examen. — Les examinateurs. — Les genres d'interrogation. — Questions difficiles. — « Les colles ». — L'art de répondre. — Exemples de questions embarrassantes.

Nous serons heureux si par ces volumes nous facilitons la tâche des jeunes gens, des adultes, des enfants, si nous rendons leur travail moins long et moins pénible et

____

(1) Un volume in-18, prix, envoi franco, 3 fr. 25, relié toile, titre or, 4 fr. 50.

les aidons à franchir avec succès les difficiles épreuves des examens et des concours. En un mot, si nous contribuons à réaliser, dans la mesure du possible, ce rêve de tous, celui de l'homme d'étude comme celui de l'écolier :

Le bonheur du savoir, sans la peine d'apprendre.

CHAPITRE I

L'ÉDUCATION PERSONNELLE.

Le livre dans les études. — Les recherches et travaux. — Savoir étudier. — Les pertes de temps et d'efforts. — Le besoin d'une méthode. — Un complément de la pédagogie. — L'art d'apprendre.

Dans l'éducation, à quelque degré qu'on la considère, on voit que le travail personnel, l'étude dans les livres, les recherches, les textes lus et commentés, tiennent une place capitale ; de là ressort l'utilité de savoir étudier, de savoir apprendre, de savoir économiser le temps dont on dispose et la somme de travail que l'on peut donner.

Il n'est, en effet, personne qui, parvenu à un certain âge et ayant beaucoup étudié, n'ait reconnu avoir gaspillé un temps considérable de son existence en efforts inutiles, en travail perdu, travail fait sans aucun profit intellectuel par suite du manque de méthode.

Les jeunes gens, durant leurs classes, sont pour ainsi dire, constamment à la recherche d'une bonne méthode de travail. Aussi il n'est guère d'entre eux qui, en vue de bien utiliser les heures d'étude, n'aient essayé d'apprendre de telle ou telle façon et n'aient fait un grand nombre d'expériences à ce sujet.

Dans le but d'étudier fructueusement, chacun, en effet, imagine des théories, des procédés infaillibles, découvre des principes, ou en abandonne d'antérieurs.

Cette recherche d'une méthode et de moyens efficaces pour apprendre seul, pour étudier en dehors des leçons du professeur, sous sa propre direction, se rencontre non seulement chez l'élève du lycée, mais aussi chez l'étudiant, chez l'élève des écoles spéciales, chez l'adulte, aussi bien pour les études imposées que pour les études volontaires. On peut même dire que l'on sent d'autant plus la nécessité d'une bonne méthode de travail, que l'on a précédemment plus travaillé et plus étudié.

Dans les professions intellectuelles, professions libérales ou scientifiques, celles dans lesquelles l'acquisition des connaissances nouvelles se poursuit à l'âge adulte et même dans la vieillesse, le désir d'économiser le temps et les efforts est constant et la préoccupation du perfectionnement de la méthode de travail qu'on emploie ne cesse jamais.

L'expérience, dans ce cas, s'acquiert bien lentement, et celle acquise grâce à une longue pratique de travail, rarement profite aux nouveaux venus.

Cela tient presque toujours à ce que les résultats de cette expérience et de ces essais n'ont pas été enregistrés, décrits par leurs auteurs ; ou bien ils se trouvent disséminés à l'état de faits incidents dans les ouvrages ou les mémoires des écrivains, des savants ou des hommes d'étude en général.

Ainsi, de même qu'il existe une science (la pédagogie) qui se préoccupe de l'enseignement d'autrui, il y a une véritable science de l'éducation personnelle dont la pratique constitue : « *l'art d'étudier.* »

C'est de cette science et de cet art, que, comme nous l'avons dit, nous nous occupons dans cet ouvrage.

Bien que l'utilité de la recherche d'une bonne méthode de travail dans l'éducation personnelle ne soit contestée par personne, celle-ci ne fait pas partie des programmes de l'enseignement officiel, et si parfois les maîtres, les professeurs donnent à ce sujet quelques conseils, font quelques remarques, ce n'est qu'incidemment et sans approfondir.

Cette étude doit donc être faite par celui qui veut l'utiliser, pour être ensuite appliquée à toute la série des autres études auxquelles, par goût ou par nécessité, il aura à s'adonner.

CHAPITRE II

LES PRINCIPES

La compréhension et le souvenir. — L'analyse méthodique.
— Les préceptes de Descartes. — L'enchaînement des idées.
— Du connu à l'inconnu.— La « sécurité » dans les études.
— Influence de la volonté.

Il n'est pas besoin évidemment d'insister sur ce point, que pour apprendre facilement il est nécessaire avant tout de comprendre le sujet que l'on étudie.

Essayer d'apprendre de mémoire des problèmes d'arithmétique ou des théorèmes de géométrie sans les comprendre, serait même au seul point de vue des interrogations d'une bien faible utilité.

Toute étude, qui n'est pas comprise et que l'on essaie de confier « par force » à la mémoire, est naturellement dénuée d'intérêt, incapable de fixer l'attention et exige, si on y persiste, un travail mécanique considérable.

Pour faciliter la compréhension d'un sujet quelconque à étudier, il est important de l'analyser par parties, chacune de celles-ci ne s'occupant que d'un seul objet ; c'est du reste, le principe de la méthode préconisée par Descartes, que l'on peut résumer ainsi :

« Diviser chaque question en autant de parties qu'il se pourra et qu'il sera utile pour les mieux résoudre. »

« Conduire par ordre les pensées en commençant par les objets les plus simples et les plus aisés à connaître ; classer les questions par ordre, par série, de façon à être assuré de ne rien omettre. »

Comme second principe on peut établir que l'assimilation intellectuelle d'un ouvrage, d'un texte sera d'autant plus facile, que son auteur aura suivi plus rigoureusement « l'enchaînement des idées » ; ou tout au moins, qu'il sera plus aisé de rétablir les sous-entendus, les élisions d'idées intermédiaires, de combler les lacunes, que pour abréger, pour éviter d'inutiles longueurs, cet auteur aura été obligé de laisser dans son œuvre.

Il est donc utile de faire en sorte que par cet enchaînement, dans quelque genre d'étude que ce soit, le fait précédent soit suffisamment lié à celui qui suit pour que la pensée soit conduite de l'un à l'autre sans interruption, sans avoir besoin de franchir des espaces par un effort de mémoire, par une sorte de recherche mentale.

 Condorcet considérait la liaison des idées comme la base de l'art d'étudier, et il en faisait ressortir l'importance en disant :

« La liaison des idées est le principe de la mémoire. Elle dépendra donc principalement de l'ordre et de l'analyse que l'on met dans ses idées. Le meilleur genre de mémoire et le plus sûr est celui qui consiste à « faire de la mémoire avec du jugement ». — Je veux, par exemple, apprendre un discours : j'en médite l'idée principale, les idées accessoires, leur nombre, leur ordre, leur liaison, le plan de chaque partie, les divisions, les sous-divisions de chaque objet. J'ose affirmer qu'il est impossible alors de se tromper. Si l'on oubliait le discours, on serait en état de le refaire sur le champ, et combien d'ailleurs les phrases cadencées, un peu ornées, un peu brillantes, en un mot, tout ce qui flatte l'amour propre de celui qui doit parler, ne se gravent-elles pas facilement dans la mémoire » !

Ces deux principes de l'art d'apprendre se trouvent résumées dans une lettre de Meister, et le curieux exemple d'application qu'il donne à leur sujet nous engage à la reproduire en entier :

« Il existe, dit-il, deux grands moyens de fixer nos souvenirs, c'est d'abord de chercher à concevoir l'objet dont nous voulons conserver la mémoire le plus clairement et le plus distinctement qu'il nous sera possible ; ensuite d'en associer l'idée ou l'image exactement déterminée à la série d'idées ou d'images avec laquelle nous lui trouvons le plus d'analogie et qui nous est en même temps la plus familière, ou dont nous avons été le plus frappés, que par conséquent nous sommes le plus sûrs de retenir et de nous rappeler facilement.

« Je me désolais l'autre jour de ne pas retrouver le nom d'une campagne en Angleterre, où j'avais passé quelques-unes des plus délicieuses journées de ma vie. Au lieu de chercher ce nom directement, las de me dépiter contre l'ineptie ou l'infirmité de ma mémoire, je finis par me représenter les différents objets qui m'avaient intéressé dans ce beau lieu, les personnes qui s'y trouvaient avec moi, jusqu'aux moindres circonstances de mon séjour que je n'avais pas oubliées ; au bout de tous ces souvenirs vint se placer enfin de lui-même le nom que j'avais désespéré de pouvoir retrouver ».

Il est enfin une remarque, un troisième principe, si l'on veut, non moins important que les précédents. Pour que les études auxquelles on se livre soient fructueuses, il est bon d'avoir la préoccupation du but qu'on veut atteindre ; il faut faire preuve d'énergie et de volonté, et se donner tout entier à son travail, sans regret, sans arrière pensée, sans récrimination. Il faut se livrer avec la même franchise, à la tâche imposée et à la tâche volontaire. C'est le meilleur moyen de conserver le calme et la quiétude d'esprit nécessaires au bon fonctionnement du cerveau et par suite à l'assimilation cérébrale ; c'est le moyen en somme d'abréger le travail nécessaire pour l'accomplissement de cette tâche.

Le grand Colbert écrivait à son fils, alors au collège : « C'est la volonté qui donne le plaisir à tout ce qu'on doit faire, et c'est le plaisir qui donne l'application ».

C'est une erreur de croire que les sentiments, les impressions, les tendances de l'esprit ne se commandent pas et qu'il est impossible de les modifier ; en ce qui concerne notamment le goût à l'étude, le plaisir d'étudier, d'acquérir, ce n'est qu'une question d'habitude et de volonté, on y parvient par un facile entraînement cérébral.

Ce goût au travail a une telle importance pour réussir dans les études et dans la vie que nous aurons bien des fois occasion d'en parler. Pour le moment nous rappellerons que Buffon disait à ce propos : « L'homme ne connait pas ses forces, il ne sait pas ce qu'il perd par la négligence et l'oisiveté, il ignore ce qu'il pourrait gagner par la pratique d'un long exercice et par un travail assidu ».

Dix-huit siècles auparavant Virgile avait exprimé la même pensée en disant :

Labor improbus omnia vincit.

CHAPITRE III

L' « ATTRAIT » DANS LES ÉTUDES.

L'impression intellectuelle. — Intérêt et curiosité. — Les souvenirs « rappelants. » — Travail intelligent et travail mécanique. — Anciens procédés.

La difficulté d'apprendre une chose dépend en grande partie du point de vue sous lequel nous l'envisageons.

Il est incontestable que les choses abstraites, ennuyeuses, monotones, ne produisent qu'une faible impresion sur notre souvenir et pour les apprendre, il faut un effort de volonté, une concentration d'esprit et un temps infiniment plus long que si ces choses par elles-mêmes, nous avaient intéressés.

Au contraire, les choses qui impressionnent vivement, qui excitent en nous le plaisir, la curiosité, la colère, l'indignation, celles qui nous affligent, comme, celles qui nous amusent, se retiennent avec facilité et pour une longue durée.

On se rappelle, par exemple, dans tous ses détails, un malheur, un accident qui nous a vivement frappé.

Dans une pièce de théâtre, on retient le texte, les paroles des acteurs dans les scènes qui nous ont fait rire ou pleurer ; on se rappellera presque le mot à mot d'un passage, d'une œuvre que l'on aura lue avec émotion.

Pour tout le monde il y a, suivant une expression pittoresque de Jean-Jacques Rousseau, des souvenirs plus *rappelants* que d'autres.

Pour fixer dans la mémoire les sujets d'étude, qui, par leur nature ou la forme sous laquelle ils sont présentés, ne laissent pas d'impressions vives sur l'imagination, on a recours, le plus généralement, comme on le sait, à un procédé mécanique, à un travail lent consistant à présenter un grand nombre de fois à l'esprit le texte qu'on veut lui faire retenir ; on procède, en un mot, par *répétition*, cherchant à obtenir peu à peu une profondeur et une netteté d'impression, le fixant enfin dans la mémoire.

On peut comparer ce moyen d'apprendre par la répétition du texte de la chose à retenir, afin de la graver dans le souvenir, au travail du graveur aqua-fortiste qui, ne disposant que d'un acide faible, serait obligé d'en couvrir la plaque de cuivre sur laquelle il a fait son dessin, à deux, trois, quatre reprises, juqu'à ce qu'il ait enfin une profondeur de traits suffisante.

Le procédé monotone de la répétition, de la lecture réitérée, ne doit évidemment être employé que si on ne peut faire autrement, dans les cas, fort rares du reste, où un travail plus intelligent ne peut, soit y être joint, soit y suppléer.

Les choses qui impressionnent, qui intéressent, sont plus vite et plus facilement comprises, apprises et retenues que les choses ennuyeuses, et cela parce qu'elles provoquent l'*attention* à un plus haut degré.

Dans les leçons orales, les cours, les conférences, le talent du professeur ou du conférencier consiste à maintenir en éveil l'attention de ses auditeurs, à les intéresser, et, par suite, à les instruire sans qu'ils aient à faire d'efforts de concentration d'idées, sans qu'ils éprouvent de la fatigue ou de l'ennui.

Ainsi, il est bien démontré que la netteté et la durée du souvenir de tel ou tel sujet d'étude est en raison de l'impression qu'il peut faire sur l'imagination. Il est évident aussi que dans le travail intellectuel, il faut chercher à envisager ce que nous étudions sous un point de vue qui nous intéresse, qui nous impressionne, qui excite notre attention, plutôt que d'avoir recours à l'emploi beaucoup plus long et beaucoup plus fastidieux de la répétition.

Dans le but de montrer l'influence de la vivacité de l'impression reçue sur la durée du souvenir, nous ferons remarquer que le chagrin, l'affliction et même la douleur physique sont susceptibles de graver dans le souvenir des faits avec lesquels ils ont été en connexion.

Nous rappellerons, à ce sujet, que de nos jours encore, en Bretagne, lorsque l'on veut fixer dans la mémoire d'un enfant le souvenir d'un fait important, d'un événement de famille, par exemple, on fouette le pauvre petit, non comme punition, mais comme véritable moyen d'impressionner son souvenir.

Un médecin des Côtes-du-Nord a raconté qu'un jour, en passant dans un village, il avait vu une femme, en costume de deuil, tenant d'une main, par les cheveux, un petit garçon de cinq à six ans et de l'autre le fouettant à tour de bras avec une branche ; le pauvre petit criait, pleurait et suppliait.

Le médecin s'enquiert de la faute commise par l'enfant, pour que celui-ci mérite un châtiment pareil : « Ah ! monsieur, dit la femme, l'enfant n'a rien fait, et si je le fouette, c'est pour qu'il se rappelle la mort de son grand-père dont l'enterrement vient d'avoir lieu. »

Du temps de Rabelais, ce système était également employé, car on se rappelle que quand Pantagruel descendit en l'île des Papimanes : « accourut le maître d'école, avec tous ses pédagogues et écoliers, et fouetta ceux-ci magistralement, comme on faisait fouetter les petits enfants en nos pays quand on pendait les malfaiteurs, afin qu'il leur en souvint. »

Actuellement encore, paraît-il, dans certaines provinces d'Allemagne, quand on borne un champ, qu'on signe un acte, ou qu'on plante un arbre mitoyen, les parents intéressés amènent leurs enfants, et alors leur tirent les oreilles, les cheveux, leur donnent des taloches, en leur recommandant bien de se souvenir du fait dont ils viennent d'être témoins.

C'est une manière tant soit peu brutale d'attirer leur attention sur les faits dont on veut les faire rappeler.

Les impressions agréables ont, heureusement, le même résultat, et un philosophe a pu dire : « Quelque peu sensible que nous soyons, il entre en nous autant de choses par le cœur que par l'esprit. »

En somme, en ce qui concerne le travail personnel, on peut dire qu'arriver à fixer l'*attention* sur la chose à étudier, arriver à concentrer la pensée sur cette chose est le meilleur moyen de la graver profondément dans le souvenir.

CHAPITRE IV

L'ATTENTION.

La concentration de la pensée. — Etourdis et rêveurs. — Expériences faciles. — Des moyens de fixer l'attention.— Les lectures fructueuses. — L'assimilation. — La mémoire auditive.

Cette influence de l'attention pour le bon fonctionnement du cerveau, au point de vue non-seulement de la mémoire, mais aussi de l'intelligence, du raisonnement, du calcul, du jugement et en général de tous les actes de la vie est telle, qu'on ne saurait trop insister sur son importance et sur les moyens propres à s'en rendre maître.

Le manque d'attention constitue suivant son degré : l'étourderie, la distraction, la légèreté, etc. Ses inconvénients sont nombreux, et cela non-seulement au point de vue des études, mais aussi à celui de toutes les relations sociales ; dans une simple conversation, par exemple, la personne qui n'est pas maîtresse de son attention, qui ne sait pas suivre l'enchaînement de l'échange de paroles, risque à répondre à contre-sens. — Ailleurs, elle ne comprend pas par instant ce qu'elle lit, n'écoute pas ce qu'elle entend, ne voit pas ce qu'elle regarde.

Deux amis peuvent avoir lu les mêmes ouvrages, ou voyagé ensemble, ou encore visité un monument ou mieux une exposition, et en avoir retiré un résultat, un profit intellectuel complètement différent. Celui qui aura lu ou regardé avec le plus d'attention est naturellement celui qui a emmagasiné le plus de souvenirs.

La légèreté d'esprit, c'est-à-dire cette inaptitude à être maître de sa volonté, de façon à pouvoir se consacrer tout entier sur une étude, une recherche, sur un travail quelconque, ou une simple lecture, est en somme la cause d'une perte de temps considérable et de lacunes fort dangereuses, par exemple au point de vue des examens.

On demandait, un jour, à un savant comment il avait pu acquérir une quantité de connaissances aussi considérable dans toutes les branches des sciences. « C'est, dit-il, en ne perdant jamais une occasion de m'instruire, et de plus en étant tout entier à ce que je faisais dans un moment donné. »

Physiologiquement, l'attention consiste dans l'excitation nerveuse de telle ou telle série de cellules du cerveau correspondant à telle ou telle aptitude cérébrale, ou autrement dit à tel ou tel genre d'étude.

Quand « l'attention est fixée » sur un travail, sur une opération mathématique par exemple, la série des cellules correspondantes est seule en activité, les autres parties du cerveau sont plus ou moins à l'état de repos, et cette séparation, cette différence d'activité peut être assez prononcée pour que le travailleur « absorbé » par son travail, n'ait plus conscience de ce qui l'entoure, ne se rende plus compte ni du lieu où il se trouve, ni du temps écoulé ; il est dans un autre monde et ne voit qu'une chose, son sujet d'étude.

La fixation volontaire de l'attention s'acquiert

ou se perfectionne rapidement par l'habitude. Chez les personnes habituées au travail intellectuel, les savants, les écrivains, les journalistes, quelques secondes suffisent généralement pour obtenir une concentration d'esprit suffisante leur permettant de reprendre et continuer un travail précédemment interrompu.

Chez beaucoup d'enfants, de jeunes gens et d'adultes, quelque bonne volonté qu'ils apportent à fixer leur attention sur un sujet d'étude, la moindre circonstance extérieure suffit pour produire un enchaînement d'idées, une succession d'images, de pensées, pour les entraîner mentalement au loin, et pour produire au point de vue de leur travail une perte de temps et d'efforts.

On prend très facilement le goût de laisser son esprit se livrer à cet enchaînement d'images ; rêver à l'état de veille est évidemment une chose fort attrayante, mais dangereuse, car peu à peu on arrive à n'être plus maître de diriger sa pensée, celle-ci devient le jouet des circonstances extérieures, et alors on tombe à ce degré d'étourderie qui, en France, vaut à son possesseur le nom de « tête sans cervelle » et en Angletorre cette désignation plus caractéristique de « *feather-brain* », cervelle de plume !

Lorsque dans l'étude on veut fixer son attention sur un objet, il y a dans ce cas une sorte de lutte cérébrale entre la tendance de l'esprit à suivre un enchaînement d'idées varié et la volonté qui, par nécessité, exige de celui-ci de ne penser qu'à une seule chose.

Notons que par l'habitude, par une sorte d'entraînement intellectuel continu et gradué, on parvient à se rendre maître de plus en plus de son attention.

Parmi les procédés propres à fixer l'*attention*, en première ligne se place l'écriture ; souligner, prendre des notes, écrire en marge en faisant une lecture, force la pensée à se concentrer sur celle-ci, à l'analyser et a pour résultat de la graver dans la mémoire.

Dans les études littéraires ou dans celle de l'histoire, il n'est pas de meilleur moyen de fixer l'attention sur les points qui ne frappent pas l'imagination par le pittoresque, le côté anecdotique, comme les batailles, les vengeances, etc., que de prendre des notes, que d'écrire le résumé de ce qui semble difficile à être retenu, de ce qui nous semble monotone ou fastidieux.

Dans l'étude des mathématiques, alors qu'une concentration de l'esprit est surtout nécessaire, où l'attention doit être continue, où la démonstration, le raisonnement, doivent être suivis sans interruption, l'étude est infiniment facilitée, si elle se fait le crayon ou la plume à la main, si on dessine la figure géométrique, si on lui fait subir les diverses transformations au fur et à mesure qu'on les suit dans le texte.

Il en est de même pour les formules algébriques, il est bon de les écrire, de les transformer, de suivre le raisonnement point par point ; ensuite, quand le livre est fermé, l'on essaie de reconstituer la suite du même raisonnement, de répéter la démonstration, l'on y parvient généralement avec une facilité infiniment plus grande et avec beaucoup moins de fatigue que si l'on avait étudié le texte sur le livre seul. L'écriture et le dessin, dans ces exemples, n'ont eu d'autre but que de fixer l'attention.

Dans l'étude de la géographie, l'étudiant retiendra infiniment mieux la position des diverses villes, le cours des fleuves ou la position des chaînes des montagnes, s'il les a tracés sur une carte, même grossièrement faite, s'il en a écrit les noms, etc. Dans ce cas encore, il aura dû concentrer son attention sur l'objet de son étude.

Dans toute lecture, même dans celles n'ayant pour objet qu'une occupation agréable, qu'une distraction, il y a avantage au point de vue du profit intellectuel qu'on peut en tirer, à suivre le texte un crayon à la main, à souligner les passages intéressants, à mettre en marge des annotations, des réflexions personnelles, à prendre des notes sur des fiches ou des feuilles volantes. Autrement dit, à faire une lecture intelligente et profitable au lieu d'une lecture superficielle.

Un livre bien lu et bien annoté a pour un possesseur une valeur centuple de son prix d'achat.

De plus, la lecture faite dans ces conditions constitue un excellent exercice intellectuel, donnant l'habitude de *l'attention* même en dehors des études proprement dites, apprenant à discerner ce qui est réellement important dans une page, un alinéa, habituant à faire un choix, à apprécier à sa juste valeur en un mot, ce qu'on lit et ce qu'on voit.

Parmi les autres moyens de fixer l'*attention* sur l'étude d'un texte semblant monotone, nous citerons le travail à haute voix ; dans ce cas le texte à étudier ou à apprendre, vient se fixer dans la mémoire non-seulement par les yeux, mais encore par l'oreille, excitant l'un et l'autre de ces organes, les tenant en éveil, et joignant, pourrait-on dire, l'attention visuelle à l'attention auditive. La puissance d'assimilation du cerveau, au point de vue de la compréhension, comme au point de vue du souvenir se trouve par ce moyen de beaucoup augmentée.

Ce résultat est obtenu même quand les paroles ne sont que simplement articulées sans qu'il y ait émission de voix, c'est-à-dire quand « on apprend tout bas ». Cette articulation, quelque faible qu'elle soit, suffit pour mettre en action l'attention auditive.

Lorsqu'on se livre à une étude quelconque, il y a un grand avantage, au point de vue de l'*attention*, et par suite de la fixation dans le souvenir, à pratiquer ce qu'on pourrait appeler une révision orale, ou comme disent les enfants « à voir si on sait » !

Cette révision consistant à reconstituer ce qu'on vient d'étudier, en le répétant à haute voix, ou sinon à voix basse, en s'efforçant en quelque sorte de l'enseigner à un être imaginaire, de le lui présenter sous une forme compréhensible et attrayante, est un excellent exercice, préparant en outre l'esprit aux interrogations qu'on pourra avoir à subir sur ce sujet, soit d'un professeur ou d'un examinateur.

De plus, la parole donne à la pensée une précision, une intensité d'excitation extrêmement favorable à la netteté et à la longue durée du souvenir. C'est un fait bien connu de tous les jeunes gens, que les leçons qu'on a eu à réciter devant un professeur sont ensuite mieux sues, et pour une durée beaucoup plus grande que celles qui également travaillées, n'ont pas été récitées.

D'autre part, les questions auxquelles on a eu à répondre dans un examen, laissent généralement un souvenir très long et très précis. On voit parfois des vieillards rappeler les questions des examens de leur jeune temps et faire preuve à leur sujet d'une fraîcheur de souvenir qu'ils n'ont évidemment pas conservée pour les autres sujets d'études qu'ils ont vus à la même époque.

C'est en somme la justification de ce principe pédagogique mis sous une forme quelque peu paradoxale : le meilleur moyen de profiter d'une étude, de se l'assimiler, de l'approfondir, et de la fixer pour toujours dans le souvenir..... c'est de l'enseigner ou tout au moins d'en faire le simulacre par la révision orale.

CHAPITRE V

L'ATTENTION (*suite*)

Comment on peut se rendre maître de son attention. — L'entraînement cérébral. — Les jeux intelligents. — Sang-froid et maturité de jugement. — Procédés mécaniques — Exemples célèbres.

On a préconisé divers procédés comme étant susceptibles de donner peu à peu l'habitude de se rendre maître de son attention, ou de maintenir cette habitude si on l'a préalablement acquise.

Parmi les procédés de ce genre pouvant être utilisés avec plaisir par des jeunes gens, dans le but de se corriger d'une étourderie ou d'une légèreté naturelle préjudiciable, on a cité en premier lieu, les jeux de calcul et de combinaison. La pratique de ces jeux, tout en excitant violemment l'intérêt, exige une attention soutenue et prolongée.

Le jeu de dame, celui du solitaire, de la marelle grecque, et surtout le jeu d'échecs, sont dans ce cas.

« Ces jeux, a dit un auteur enthousiaste de cette méthode, sont propres à développer chez les jeunes gens, la mémoire, le jugement, l'esprit d'observation ; à les exercer graduellement à être maître de leur attention, à fixer celle-ci sur l'objet de leur étude, à envisager une question sous toutes ses faces, à prévoir les conséquences de leurs actions, et en somme à leur donner une maturité de jugement et de réflexion qui d'ordinaire ne vient que beaucoup plus tard dans la vie. »

Un autre moyen mécanique plus sérieux employé pour arriver au même but, c'est-à-dire, à être assez sûr de son attention, pour pouvoir, à un moment donné, faire abstraction de toutes les choses de la vie ordinaire, de tous les souvenirs récents qui viennent souvent nous distraire pendant les heures d'étude, consiste à consacrer quelques minutes, avant de se mettre au travail voulu, à résoudre quelques questions mathématiques qui, sans exiger un effort intellectuel trop long et trop considérable, n'en demandent pas moins une attention soutenue, une contention d'esprit suffisante pour arriver à un raisonnement suivi. Nous connaissons un écrivain de talent qui tous les matins, avant de commencer la tâche qu'il s'impose, résout ou répète un ou deux théorèmes de géométrie et ce n'est que lorsqu'il se sent maître de son attention qu'il se met au travail.

D'autres personnes, dans le même but, lisent attentivement quelques vers, les répètent, essaient de les apprendre mot à mot, y appliquent leur attention, et au bout de quelques instants, quand ils se sentent maîtres d'eux-mêmes, quand ils jugent l'excitation cérébrale suffisante, ils commencent leur tâche.

A titre d'exemple, nous citerons un économiste bien connu qui, avant de se mettre au travail le matin, consacre chaque jour quelques minutes à l'étude d'une stance de Byron. « Cela, dit-il, lui éclaircit les idées, » ou, en d'autres termes, le rend maître de son attention.

Un autre procédé employé dans le même but, souvent même d'une façon inconsciente, consiste à écrire quelques mots, en écriture appliquée, à faire un titre par exemple, un commencement de phrase, avec de belles majuscules, en employant à ce travail tout le talent calligraphique qu'on possède. — Les quelques minutes que l'on y consacre suffisent généralement pour établir une transition entre les occupations antérieures et le travail auquel on doit se livrer. Ce sont là de petits moyens qui, dans la pratique, ont une réelle importance.

On a cité un grand nombre d'exemples d'application extraordinaire à l'étude. Nous rappellerons pour mémoire ce fait classique. Archimède, au moment où Syracuse fut emportée d'assaut par les Romains, étant occupé à résoudre une question de géométrie, n'entendit pas le bruit de la lutte ; un soldat pénètre jusqu'à lui, l'interpelle sans obtenir de réponse et le transperce de son glaive.

Autre exemple trop cruel pour être à imiter :

Frédéric Morel, raconte un contemporain, travaillait à traduire Libanius, lorsqu'on vint lui dire que sa femme, qui languissait depuis quelque temps, était bien malade, et qu'elle voulait lui parler. Je n'ai plus, dit-il, que deux périodes à traduire, après cela j'irai la voir. Un second commissionnaire vint lui annoncer qu'elle était à l'extrémité ; je n'ai plus que deux mots, dit-il ; allez, retournez vers elle ; j'y serai aussitôt que vous.

Un moment après on vint lui annoncer qu'elle était morte.

« J'en suis très fâché, dit-il, c'était une bonne femme, et il continua son travail. »

On attribue au savant Budé la réponse suivante :

Un domestique accourt dans son cabinet de travail et lui crie : le feu est à la maison ! Le savant, absorbé dans son étude, lui répond : « C'est bien, c'est bien, avertissez ma femme ; je ne me mêle pas des choses du ménage. »

Ce sont là des exemples d'attention dans l'étude portée, beaucoup trop peut-être, à l'extrême, mais montrant jusqu'où peut aller l'isolement, l'abstraction du monde extérieur, pour un homme livré à des travaux qui l'intéressent.

CHAPITRE VI

LES HEURES D'ÉTUDE

Les milieux favorables à l'étude. — Travail du soir et travail du matin. — Fonctions cérébrales inconscientes. — La fatigue intellectuelle. — L'étude espacée.

Toutes les causes qui viennent distraire notre attention, lorsque nous nous livrons à un travail intellectuel, rendent celui-ci infiniment plus difficile en empêchant la concentration des idées.

La nécessité du « silence du cabinet » n'est pas un vain mot pour l'homme d'étude.

C'est pour obtenir cette concentration de la pensée, que beaucoup de ceux-ci travaillent la nuit, que d'autres se retirent à la campagne ou bien cherchent dans les villes des appartements dont les fenêtres donnent sur des cours ou sur des jardins dans lesquels ils espèrent qu'aucun bruit ne viendra les troubler dans leurs travaux.

Alexandre Dumas, qui était un travailleur infatigable, peut être invoqué comme une autorité des plus compétentes en ce qui concerne la méthode dans les études, et nous aurons plusieurs fois occasion de le citer à ce propos. De plus, il avait le talent, comme on le sait, de rendre merveilleusement compte de ses impressions. — Or, voici ce qu'il dit relativement à la nécessité de l'isolement cérébral, absolu dans le travail intellectuel.

Il raconte qu'il s'était retiré dans une villa au bord de la Méditerranée dans l'intention louable de travailler.

« J'avais dans la tête, dit-il, un drame bien intime, bien sombre, bien terrible, que je voulais faire passer de ma tête sur le papier.

« Mais je remarquai une chose, c'est que, pour le travail profond et assidu, il faut les chambres étroites, les murailles rapprochées et le jour éteint par des rideaux de couleur sombre. Les vastes horizons, la mer infinie, les montagnes gigantesques, surtout lorsque tout cela est baigné de l'air pur et doré du Midi, tout cela vous mène droit à la contemplation, et rien mieux que la contemplation ne vous éloigne du travail. »

Le travail du soir, indépendamment de la tranquillité, de l'isolement auquel il est favorable, présente un autre avantage, c'est que les images acquises à ce moment, n'étant pas effacées par d'autres impressions étrangères venant pour ainsi dire les recouvrir, se gravent dans la mémoire même pendant les heures du sommeil et cela par suite du travail cérébral inconscient dont nous avons vu précédemment le mécanisme et se retrouvent avec netteté dans le souvenir, soit dès le lendemain, soit après une période de plusieurs jours.

C'est en se basant sur l'influence du travail cérébral inconscient que l'on peut dire que pour bien apprendre, il est plus nécessaire de « *bien étudier* » plutôt que de « *beaucoup étudier*. »

Les longues heures passées de suite sur un même sujet qu'on lit et qu'on relit indéfiniment d'une façon pour ainsi dire mécanique, et alors que l'attention est fatiguée, sont en grande partie du temps perdu. — Le jeune homme qui, la tête dans ses mains, s'acharne sur une étude, sur une leçon, sur un paragraphe, pense bientôt à autre chose, tout en répétant machinalement des mots.

Le *travail espacé* est infiniment plus profitable et moins pénible : la leçon lue d'abord, analysée et bien comprise le plus longtemps possible avant le moment même où elle doit être utilisée, revue ensuite une ou deux fois dans l'intervalle et lue attentivement de nouveau au moment de l'utilisation, se retiendra presque toujours avec facilité et pour une longue durée, et cela par suite de l'assimilation progressive qui s'est effectuée dans notre cerveau à partir de la première lecture, travail *cérébral inconscient* dont les lectures successives sont venues entretenir l'activité.

Si l'étude du soir, en raison des conditions de calme et de tranquillité dans lesquelles elle peut s'effectuer et du mécanisme du travail cérébral inconscient, est propre à fixer dans la mémoire ce qu'on veut lui confier, pour d'autres sujets le travail du matin est parfois préférable. Ainsi pour les études très appliquantes, fatigantes pour le cerveau, pour celles qui exigent un véritable effort intellectuel, telle que la production littéraire ou scientifique la résolution de questions mathématiques, etc., le travail du matin est souvent plus fructueux. A ce moment, en effet, le cerveau est reposé par suite du sommeil de la nuit, les cellules sont à l'état de nutrition et sont capables de donner une somme de travail beaucoup plus considérable que si elles étaient déjà fatiguées et anémiées par toute une journée d'étude et de veille.

Dans les écoles primaires comme dans les écoles supérieures ou tout au moins dans celles où les physiologistes ont pu faire adopter un emploi du temps en relation avec les connaissances acquises sur les fonctions du cerveau, le travail de la matinée est consacré aux études demandant une grande tension cérébrale, aux cours, conférences, leçons, démonstrations; l'après-midi et le soir aux études variées. Mais le soir, nous le répétons, est particulièrement favorable au fonctionnement de la mémoire mécanique.

CHAPITRE VII

LA LECTURE

L'étude par la lecture. — Le complément des cours. — Les liseurs. — A tête reposée. — L'art de lire avec profit. — L'auto-suggestion.

La lecture tient dans l'éducation, comme nous l'avons dit, une place prépondérante.

Il est de plus à remarquer que son importance augmente avec le degré des études.

Dans l'enseignement élémentaire, la lecture, en dehors des heures de classe, n'est qu'un modeste accessoire. Plus tard, dans l'enseignement secondaire, elle joue déjà un rôle beaucoup plus important; elle est le complément des leçons orales du professeur.

Puis, à mesure que l'éducation avance, se perfectionne, que les études se spécialisent, la

lecture prend une place de plus en plus importante et il arrive enfin un moment, lorsque,
suivant l'expression usuelle, les études sont
finies, où l'éducation personnelle est seule en
jeu et où elle se complète et se perfectionne par
la seule lecture.

Dans la somme des connaissances possédées
par un érudit, un savant, un spécialiste, il est
évident que la partie acquise par la lecture est
infiniment plus considérable et plus essentielle
que celle provenant de l'enseignement oral de
maîtres et de professeurs.

Cette augmentation progressive du rôle de
l'étude et de la lecture, en raison de l'élévation
de l'enseignement, est consacrée officiellement
par les programmes.

Tous les jeunes gens peuvent constater qu'à
mesure qu'ils avancent en âge, à mesure que
leurs études se perfectionnent, le nombre d'heures consacrées aux leçons, aux cours, à l'audition d'un professeur, diminue progressivement,
tandis que le travail personnel auquel ils doivent se livrer pour acquérir les connaissances
qui leur sont imposées en vue de concours ou

d'examens, prend une place de plus en plus prépondérante.

Bien souvent même, la lecture supplée complètement à l'enseignement oral des grandes écoles.

On voit, par exemple, des jeunes gens, qui pour une cause quelconque, ne pouvant suivre d'une façon régulière les cours de l'École de Droit où ceux de l'École de Médecine, parviennent cependant à acquérir les connaissances nécessaires pour franchir avec succès, les examens périodiques et les épreuves définitives.

Parfois ces jeunes gens font ainsi leurs études loin de la faculté de droit ou de médecine où ils ont pris leurs inscriptions.

La difficulté de la réussite est, sans doute, plus grande pour eux que pour leurs camarades qui suivent les cours de l'école, mais elle peut être vaincue, et c'est ce que nous voulons seulement indiquer, par le simple travail personnel.

Dans l'éloge posthume de l'illustre chimiste J.-B. Dumas, M. J. Bertrand, le savant mathématicien, secrétaire perpétuel de l'Académie des Sciences, faisait ainsi ressortir l'importance de la lecture dans les études :

« La science, disait-il, est dans les livres. Le désir et l'art de lire comme il faut lire, serait, si l'on était sage, le meilleur fruit des meilleures études. Bien lire, c'est entrer lentement, chacun pour soi, bien entendu, « *avec les plus honnestes gens des siècles passés,* » comme dit Descartes, dans une conversation étudiée et intime dont ils font les frais.

« C'est nourrir son esprit du fruit de leur travail. Le livre est le plus complaisant des guides, c'est le maître des maîtres.

« Si chacun savait lire et s'y plaire, chaque maison deviendrait une école, chaque bibliothèque une Faculté. »

Les cours des professeurs autorisés ont, cependant, une utilité, une importance qui ne saurait être mise en doute ; l'acquisition auditive est non-seulement moins pénible que l'acquisition visuelle obtenue par la lecture, mais de plus, lorsqu'aux paroles se joignent des leçons de choses, des expériences, des démonstrations, la leçon présente alors une partie s'adressant à la mémoire visuelle, un enseignement par les yeux qui peut être des plus importants.

L'accentuation de la parole du professeur, ses gestes, son animation, contribuent également à impressionner le souvenir.

Ses répétitions voulues, ses explications présentées sous des formes différentes dans le but que chaque auditeur saisisse et comprenne au moins l'une d'elles ; toutes ces causes favorables à l'assimilation, viennent s'ajouter au texte même de la leçon et en augmenter l'utilité et l'intérêt.

Cependant pour l'étudiant qui assiste à ce cours en vue de la préparation à un examen, il se présente une réelle difficulté. C'est la conservation du texte même qu'il a entendu, afin de le revoir, de l'étudier, de le graver plus profondément dans son souvenir, de n'en perdre aucune partie et de pouvoir, en somme, satisfaire aux interrogations qui pourraient lui être adressées plus tard à ce sujet.

Dans ce but, il prend des notes, mais, soit qu'il s'efforce de recueillir le texte exact du cours, soit qu'il se livre à un travail mental pour le résumer, il lui est absolument impossible de fixer, même abrégée, la totalité des choses importantes qu'il a entendues. Une grande partie sera pour lui sans profit intellectuel.

La correction des notes, le déchiffrage des commencements de phrases, des mots écrits à moitié, des signes abréviatifs jetés à la hâte qui constituent les notes, exigent un travail très long, très fastidieux qui est, en grande partie, du temps perdu.

Ce travail n'est pas à faire avec l'étude sur le livre.

L'idéal de l'enseignement sous forme de cours, serait que le professeur suivît, dans ses leçons, un texte écrit auquel il fût toujours possible à l'étudiant de se reporter. Celui-ci pourrait alors avoir le détail précis, la démonstration exacte qu'il a pu imparfaitement saisir pendant le cours.

Mais, en outre, n'ayant plus cette préoccupation de prendre des notes complètes, il pourrait donner entièrement son attention à tout cet ensemble d'enseignement auditif et visuel qui rend utiles au plus haut degré, les cours d'un bon professeur.

Cette combinaison de la parole et du texte écrit se rencontre parfois.

Quelques professeurs de nos grandes écoles ont publié le texte de leurs cours et ils en suivent la marche, si ce n'est d'une façon littérale, du moins dans l'ensemble et dans l'enchaînement des faits.

Ces cours sont les plus profitables, ceux qui demandent aux étudiants le minimum d'efforts et de travail.

Quelle que soit, du reste, la forme de l'enseignement oral, son utilité sera toujours augmentée par le concours du livre.

La lecture, en dehors du travail sur les livres classiques a une influence des plus favorables sur l'étude en général.

La lecture des ouvrages, même faisant une large part au côté pittoresque ou anecdotique, ou cherchant seulement à exciter l'intérêt, constitue en somme un travail facile, qui sans aucune fatigue pour l'esprit fait songer aux choses que l'on a apprises antérieurement, provoque l'activité cérébrale, reporte à des études méthodiques, en montre des applications, fait surgir des rapports, des comparaisons ; en somme, concourt puissamment à l'assimilation des faits et des idées dont elle a réveillé le souvenir.

Le temps consacré à une lecture attrayante n'est pas du temps perdu ; les jeunes gens qui aiment à lire, les liseurs, acquièrent un complément de connaissances qui vient se joindre à leur bagage classique et le compléter.

Mais, de plus, la lecture leur donne une aptitude à raisonner, à réfléchir, à bien poser les questions, à chercher des rapports, toutes choses qui mûrissent la raison.

Si on compare entre eux plusieurs jeunes gens de forces égales dans leurs études, presque toujours on verra que ceux qui ont le goût de la lecture le plus prononcé, possèdent sur leurs camarades l'avantage de la vivacité et de la précocité d'esprit, et en outre une plus grande aptitude à répondre aux interrogations, aptitude extrêmement précieuse au point de vue de leurs futurs examens.

Parmi les avantages de la lecture, on doit faire entrer, dans certains cas, le sang-froid avec lequel on peut envisager les questions, afin de ne pas se laisser entraîner trop facilement à une persuasion résultant de la parole habile d'un orateur, persuasion que peuvent détruire ou modifier plus tard la réflexion mûrie et la découverte de nouveaux arguments.

Cet entraînement existe, en effet, à un degré

beaucoup moindre dans la lecture que dans l'audition.

La lecture permet également de revoir quand on le désire et autant de fois qu'on le juge nécessaire, le texte qu'on veut étudier.

Il y a dix-huit siècles, Quintilien dans son *Institution oratoire*, faisait ressortir d'une façon pittoresque ces deux avantages : « La lecture vous laisse, disait-il, une pleine liberté ; on n'est point entraîné par la rapidité du débit ; on peut revenir à chaque instant sur ses pas, soit pour éclaircir des doutes, soit pour mieux retenir ce qu'on a lu.

« Or, on ne saurait trop reprendre et remanier ses lectures ; et de même que nous mâchons nos aliments, que nous les réduisons presque à l'état de liquides, pour qu'ils soient plus facilement digérés, de même aussi nous devons, non dévorer à la hâte, mais broyer, triturer et mettre pour ainsi dire, nos lectures en coction, afin qu'elles se gravent plus sûrement dans notre mémoire et qu'elles portent tout leur fruit. »

Il y a un véritable art de la lecture, indépendant de la diction et de l'impression auditive agréable que l'on peut rechercher ; cet art a pour but, dans le cas qui nous occupe, de donner à la lecture son maximum d'attrait, d'utilité et d'intérêt, de la rendre, en un mot, aussi profitable que possible.

Bien qu'en réalité, l'art de lire avec profit se trouve confondu sur bien des points avec l'art de bien étudier auquel est consacré tout cet ouvrage, nous insisterons cependant ici sur quelques faits particuliers.

Il se présente notamment une question mécanique qui mérite de fixer l'attention.

Certaines personnes ne comprennent que très péniblement le sens de leur lecture alors qu'elles lisent mentalement, tandis qu'en lisant à haute voix ou simplement à voix basse, en articulant les mots qui se présentent successivement sous leurs yeux, le sens du texte s'illumine pour elles tout à coup et elles le perçoivent dès lors avec facilité. Chez ces personnes, l'entendement par les yeux, dans la lecture, est nul ou très faible, tandis que la compréhension par l'oreille se fait au contraire, aisément.

Cette particularité se présente très fréquemment chez les individus peu instruits chez lesquels le travail de la lecture est pénible ; elle se rencontre également chez les vieillards dont la vue commence à s'affaiblir, mais, très souvent aussi chez des sujets dans la force de l'âge et ayant l'habitude de lire.

Pour les uns et les autres, la perception des idées, la compréhension du sens de leur lecture, sont alors beaucoup plus vives, beaucoup plus nettes que par la simple lecture mentale.

Il en est de même, du plus au moins, chez chacun de nous et toujours la lecture articulée sera d'une assimilation plus aisée que la lecture mentale. Nous avons vu, en outre, que c'est un moyen de fixer l'attention, de se concentrer sur le sujet qu'on étudie, de s'isoler du milieu dans lequel on se trouve.

Les résultats favorables de la lecture articulée peuvent rationnellement s'expliquer en disant que par ce moyen les centres de perception se trouvent pour ainsi dire doublés, puisqu'à la perception visuelle vient se joindre alors la perception auditive.

L'individu qui articule en lisant, se fait, en somme, à lui-même, une leçon, dont il profite par les oreilles et par les yeux, comme lecteur et comme auditeur. — On peut même porter plus loin cette comparaison.

On sait combien l'enseignement oral d'un professeur habile, énergique, à la parole nuancée et éloquente, est plus profitable pour l'auditeur que l'enseignement à texte égal, d'un professeur terne et monotone.

Cette différence peut se retrouver dans le travail personnel.

Lorsque dans l'étude à haute voix ou simplement articulée, on apporte de l'animation, on scande les phrases, on accentue le texte, de façon à séparer les idées et à leur donner du relief, on facilite considérablement l'assimilation cérébrale, on excite l'intérêt et on maintient l'attention.

On bénéficie alors des effets d'une véritable auto-suggestion.

Si nous insistons sur les bons résultats que peut donner dans la lecture et l'étude l'articulation du texte, c'est que ce procédé mécanique rend à chacun les plus grands services, et il n'est pas un savant qui pour comprendre un passage difficile ; un poète pour apprécier les beautés d'un morceau ; un écrivain pour juger le travail d'un confrère, ou se rendre compte de son œuvre, ne l'emploie journellement.

CHAPITRE VIII

LA LECTURE (*suite*)

Le choix des ouvrages. — Les textes intéressants. — Gros livres et résumés. — La lecture mécanique. — Fatigue cérébrale. — Echec à éviter. — Le rebutage.

Au point de vue des études personnelles dans lesquelles le choix des ouvrages à lire et à consulter n'est pas spécifié par un professeur, il y a une condition importante à observer.

Il est, en effet, important pour la facilité de l'étude et la longue durée du souvenir, de choisir des ouvrages dont le texte soit autant que possible intéressant, c'est-à-dire présente un enchaînement d'idées et une abondance de faits qui ne nécessitent ni trop d'efforts de pensée, ni une trop grande concentration d'esprit rendant l'étude fatigante.

L'étude personnelle par la lecture, sera d'autant plus fructueuse qu'elle sera plus attrayante et que le texte du livre fixera plus facilement l'attention.

C'est parce que les livres élémentaires, les résumés, les manuels, parviennent difficilement à pouvoir exciter l'intérêt, en raison de leur peu d'étendue qui force à les résumer, à les concentrer d'une façon abstraite, que leur lecture est si peu attrayante, que leur étude est si difficile. Pour en retirer quelque profit, on doit les retenir presque mot-à-mot.

Les traités spéciaux, les gros volumes, demandant seulement à être lus pour être compris ; pouvant donner un grand nombre de faits, d'exemples qui se gravent profondément dans la mémoire ; dans lesquels il est possible de suivre l'enchaînement des idées de l'auteur, ou l'enchaînement des faits, sont beaucoup plus intéressants. Ils répondent aux questions que peut se poser la pensée, satisfont la curiosité de celle-ci, et en somme se retiennent avec infiniment moins de fatigue et pour une durée beaucoup plus longue.

L'histoire de France, lue dans les ouvrages

étendus de nos grands écrivains intéresserait même des enfants ; apprise par cœur dans les résumés élémentaires, elle n'a d'attrait que pour un
bien petit nombre.

Il est même important de remarquer que la facilité de la lecture « mécanique » d'un livre ou
d'un ouvrage a une influence considérable sur
les profits intellectuels qu'on peut en retirer.

La fatigue des yeux nuit au travail du cerveau. Or cette fatigue est amenée par un éclairage défectueux ou insuffisant, par la lecture
d'ouvrages mal imprimés, de ceux dont les
caractères sont petits, ou dont les lignes sont
trop rapprochées.

Les jeunes gens qui se livrent à une étude n'entrant pas dans les cadres des programmes offi-
ciels se heurtent souvent à une difficulté contre
laquelle ils doivent se prémunir.

Cette difficulté c'est le rebutage, la perte de
l'intérêt intellectuel, et du désir d'apprendre ; ce
phénomène est presque toujours le résultat d'une
étude personnelle trop précipitée.

Quelqu'intéressant que paraisse un sujet
au début, quelque désir qu'on ait de rapidement le connaître, il est utile de mettre une cer-

taine lenteur dans son étude, d'aller avec régularité, à pas comptés pour ainsi dire, de ne laisser rien d'incompris ou de douteux, de ne pas craindre de relire un paragraphe qui, à une première lecture, n'a pas donné une impression bien nette.

En s'imposant cette sorte de rigueur, en réprimant le désir d'aller vite, en étudiant en un mot avec méthode, on éprouve un sentiment de sécurité intellectuelle, de certitude de savoir; c'est la satisfaction d'une tâche accomplie selon notre désir.

Il est incontestable que l'assimilation intellectuelle demande un certain temps. La fixation des images dans les cellules cérébrales, d'où résulte la persistance du souvenir, est comme on le sait le résultat d'une « réparation » organique. Il faut donner à cette réparation le temps de s'opérer.

Il résulte de ceci que le travail trop prolongé sur un même sujet est défectueux, impose au cerveau une fatigue superflue.

La variété dans le travail personnel est donc utile pour empêcher la fatigue d'une même série de cellules, et en même temps pour conserver l'intérêt du sujet qu'on reprendra plus tard.

L'étude superficielle, hâtive, enlève cet intérêt, efface le désir d'apprendre et la curiosité de l'inconnu, qui sont si nécessaires pour que le travail soit attrayant.

Il faut autant que possible s'éviter l'humiliation de s'avouer quand on est à la fin d'un volume, qu'on ne connaît qu'imparfaitement le commencement, et l'ennui de recommencer à travailler des sujets vus précédemment.

Se hâter avec lenteur est dans l'étude, en général, une garantie de succès.

Il arrive souvent, en effet, que des jeunes gens ayant un volume nouveau, s'enthousiasment en quelque sorte pour les matières dont il traite, le lisent immédiatement en entier, vont de suite aux applications, commencent pour ainsi dire son étude par la fin. Mais les notions préliminaires leur manquent, leur sont imparfaitement connues, et il leur est toujours plus ou moins désagréable et ennuyeux d'y revenir.

Si l'on a parcouru, regardé dans son ensemble un ouvrage consacré à une science, il faut donc bien éviter de croire que cela peut remplacer une étude approfondie, faite lentement.

Dans l'étude personnelle il est préférable, au

point de vue de l'acquisition des connaissances, de douter de soi-même, d'être pessimiste à cet égard plutôt que de s'accorder trop facilement un satisfecit, qui peut manquer de contrôle.

CHAPITRE IX

LA RÉCAPITULATION

L'entretien du souvenir. — Pensée de Sénèque. — Ennui et perte de temps. — Méthode rapide. — Les idées « réveillantes. » — Importance de la remémoration dans les études. — Un exemple célèbre.

La récapitulation périodique des choses qu'on a lues et étudiées, doit être considérée comme nécessaire ; c'est, en quelque sorte, le moyen le plus efficace de ne jamais oublier.

Sénèque prétendait que la mémoire, comme les livres qui restent trop longtemps renfermés dans la poussière, demande à être déroulée de temps en temps ; il faut, pour ainsi dire, en secouer les feuillets, afin de la trouver en état au besoin.

Faite périodiquement, la récapitulation a pour

résultat de maintenir présentes à l'esprit toutes les études antérieures, toutes les matières que l'on a apprises ; par exemple, en vue d'un examen.

Mais cette récapitulation doit être faite avec méthode ou bien, sans cela, elle est inefficace ou elle absorbe un temps considérable.

On a vu plus haut, que dans le but de fixer l'attention il est utile, dans la lecture ou dans l'étude d'un texte, de souligner, au crayon bleu, par exemple, ce qui semble particulièrement important : le mot capital d'une phrase, celui dont la vue seule réveille dans la pensée l'idée de la phrase entière ; de souligner les conclusions, les propositions, les commencements de démonstration, de façon, en somme, à isoler, à faire ressortir chaque fait, chaque idée.

Lorsque, en travaillant, l'on a employé ce procédé, la récapitulation est des plus faciles ; il suffit, pour repasser un ouvrage, de le parcourir feuille par feuille, les yeux ne distinguent que les mots soulignés et la vue de ceux-ci suffit pour réveiller instantanément dans le cerveau tout l'enchaînement des idées, tout le sujet dans ses moindres détails.

Cette récapitulation se fait rapidement et cependant elle ne doit point être trop hâtive, il faut être certain de ne laisser derrière soi aucun point obscur ou mal compris, aucun raisonnement, aucune démonstration que l'on ne serait pas à même de pouvoir parfaitement reproduire. Dans cette récapitulation on a la conscience, la perception très rapide de savoir parfaitement ou imparfaitement ce que l'on revoit, et lorsque, par suite d'une sorte d'apathie ou de manque de temps, on laisse une partie obscure non parfaitement connue, l'on éprouve une sorte de remords, de préoccupation et l'on reste poursuivi, en quelque sorte, de la crainte que ce soit précisément cette question qui nous sera demandée au moment décisif par l'examinateur.

Si l'on étudie sur des notes prises au cours, il faut avoir soin de souligner, ou mieux encore d'écrire en plus gros tous les mots importants, tels que les termes techniques, les définitions, les faits, les aphorismes, les énoncés et de mettre en marge un mot, une sorte de titre rappelant le texte général de chaque alinéa.

Quelquefois, les livres peuvent être récapitulés par la vue seule de leurs tables des matières, mais pour cela, naturellement, il faut que la table soit suffisamment développée, que les chapitres aient un sommaire étendu montrant l'enchaînement des idées dans la succession des alinéas. Dans ce cas, la lecture attentive de cette table suffit seule pour amener une récapitulation efficace.

Une table bien faite a une influence fort grande sur le profit intellectuel que l'on peut retirer d'un ouvrage.

La récapitulation se fait d'autant plus rapidement qu'elle est plus fréquente et, comme règle, on a proposé de récapituler à la fin de chaque jour les choses apprises dans la journée, à la fin de chaque semaine les matières vues pendant celle-ci, à la fin de chaque mois et de chaque trimestre, de chaque année, les études faites pendant ces périodes, et enfin de faire une récapitulation générale au moment d'avoir à utiliser les connaissances acquises, au moment de passer les examens.

Cette influence de la révision périodique des choses que l'on a apprises s'explique physiologiquement par l'hypothèse que les molécules cérébrales impressionnées par les choses que nous avons apprises, se renouvellent, se rajeunissent par le travail organique avec les modifications subies par celles qu'elles remplacent, mais si elles sont impressionnées de nouveau, la modification, l'image qu'elles ont enregistrée se grave plus profondément, donne un souvenir plus net, plus précis et de plus longue durée qu'il l'eût été sans cela.

En somme, la révision espacée des choses précédemment apprises vient entretenir la netteté et la précision du souvenir en entretenant l'activité des cellules ayant déjà été impressionnées.

Comme exemple de l'emploi de la récapitulation dans les études, nous rappellerons l'éducation intellectuelle que Rabelais, dans son livre, faisait donner à Gargantua. Education basée en grande partie sur l'influence de la récapitulation :

Quand Ponocrate eût médeciné Gargantua et l'eut placé en compagnie de gens savants pour exciter son émulation, « en tel train d'étude le mit, qu'il ne perdoit heure quelconque du jour : ainsi tout son temps consommoit en lettres et honnête.sçavoir. S'éveilloit doncques Gargantua environ quatre heures du matin..... » Un

jeune page lui lisait alors « hautement et clairement et avec prononciation compétente en
la matière, quelques pages de la divine écriture.

« Pendant qu'il étoit habillé, peigné, acoûtré
et parfumé, on lui répétoit les leçons du jour de
devant : lui-même les disoit par cœur. »

Puis, pendant trois heures, on lui faisait une
lecture, le reste de la matinée était employé à
des exercices gymnastiques.

Après le dîner, « ils devisaient des leçons lues
au matin », puis pendant quelques instants, s'a-
musaient à quelque récréation mathématique.

La digestion finie, se remettait à son étude
principale pour trois heures ou davantage, « tant
à répéter la lecture matestinale qu'à poursuivre
le livre entrepris, que aussi à écrire. » Ensuite
se consacrait à la gymnastique jusqu'à la soirée
et ils rentraient.

« Eux arrivez au logis, cependant, qu'on aprê-
toit le souper, répétoient quelques passages de
ce qu'avoit été lû et s'asseoient à table. »

« Durant ce repas étoit continuée la leçon du

dîner, tant que bon sembloit : le reste était consommé en bons propos tous lettrez et utiles. »

« Et après avoir passé la soirée à jouer d'instruments harmonieux ou de ces petits passetemps qu'on fait, ès cartes, ès dez et gobelets, et s'esbaudissans jusques à l'heure de dormir. »

« Puis avec son précepteur, récapituloit brièvement à la mode des Pythagoriques tout ce qu'il avoit lû, vû, sçû, fait et entendu dans le cours de toute la journée. »

On voit, par cet exemple, quelle importance Rabelais attribuait en pédagogie à la récapitulation.

CHAPITRE X

L'EXEMPLE ET L'ÉMULATION.

L'exemple dans l'éducation personnelle. — La contagion cérébrale. — Cas où elle est favorable. — Le travail en vue des examens. — La comparaison des forces.— L'émulation.

Sans parler de l'influence de l'exemple résultant du milieu dans lequel on vit, des personnes qui nous entourent, au point de vue du langage, de la tenue, des idées, des opinions et de l'éducation en général, l'exemple a dans les études et sur le travail intellectuel une influence incontestable.

« Rien ne pénètre aussi doucement et aussi profondément dans l'âme que l'influence de l'exemple, » disait Loke, dans son traité de l'éducation.

Le travail personnel n'exclut pas l'influence

de l'émulation et de l'exemple. L'un et l'autre constituent de puissants excitants cérébraux, qui font apporter plus d'intérêt aux études ; donnent en quelque sorte du courage et de l'énergie ; font disparaître parfois la fatigue et en somme sont favorables au résultat qu'on se propose, qui est l'acquisition de connaissances, en vue d'examens, ou en vue d'une satisfaction personnelle.

Pour que l'étude soit profitable, il faut la considérer non comme une pénitence, comme une dure nécessité, mais plutôt par son côté attrayant : l'émulation et l'exemple y aident beaucoup. En outre, il y a une sorte d'habitude assez aisée à prendre, avons-nous déjà dit, de travailler sans arrière-pensée pénible, d'étudier tout en gardant la quiétude d'esprit, la bonne humeur. L'exemple de ceux qui entourent le jeune homme, professeurs, parents, amis, peut agir puissamment dans ce sens.

Dans la préparation des examens et des concours, l'émulation et l'exemple ont une action prépondérante.

Si cette préparation est faite dans la famille, quelques bons et nombreux maîtres qu'ait le

jeune candidat, quelque peine qu'il se sera donnée, il aura plus de difficulté pour réussir, bien
que peut-être sachant plus de choses, que d'autres jeunes gens ayant suivi ensemble un cours
régulier, et ayant acquis une sorte de moyenne
de connaissances, sans rien de superflu en vue
seulement de satisfaire par leurs réponses les
examinateurs.

Il est toujours utile en outre de comparer ce
qu'on sait avec ce que savent des camarades, des
collègues ou des concurrents. Une tendance naturelle de l'esprit est de croire facilement qu'on
sait d'une façon satisfaisante pour notre amour
propre, ou pour les examinateurs, ce qu'on a lu
ou étudié même superficiellement. On est facilement porté à croire qu'on en sait « plus que les
autres, » et que ceux-ci ne se sont pas donné la
peine que nous avons eue, n'ont pas accompli
le travail que nous avons fait, travail qui nous
semble énorme. La comparaison vient généralement réduire cette haute opinion que nous
avons de nous-même, à sa juste valeur et nous
montre que parfois des camarades ont mieux ou
plus appris que nous ne le croyions.

Autrefois, on donnait à chaque petit prince, pour exciter son émulation et lui servir d'exemple, un camarade choisi toujours intelligent et laborieux. Il suivait les mêmes leçons que le prince, partageait ses jeux et ses études, sous la direction des mêmes précepteurs, c'était en quelque sorte un petit modèle.

On raconte même à ce sujet qu'au siècle dernier, quand un prince avait commis une faute, pour le punir on fouettait... son petit camarade.

Rabelais, dans l'éducation de Gargantua, fait ressortir l'influence de l'exemple et de l'émulation dans les études ; nous citerons le passage suivant :

« *Pour mieux ce faire, l'introduisit en compagnie de gens savants qui se trouvaient là, pour que, par l'émulation qu'il en ressentit, son esprit s'accrût et qu'il eût le désir d'étudier et d'acquérir du savoir.* »

Citons encore un fait à l'appui de cette contagion de l'exemple.

« Alexandre Dumas parlant d'un jeune secrétaire interprète qui l'avait accompagné dans un de ses voyages, disait :

« Je commence à croire que le travail est non

seulement endémique comme le choléra, mais contagieux comme la peste. Lorsque j'avais pris Kalino à Moscou, j'avais certainement pris, sans lui faire de tort, ou plutôt sans faire de tort aux autres, un des plus paresseux écoliers de l'Université.

Eh bien, peu à peu, Kalino avait gagné la maladie du travail. On ne pouvait plus arracher Kalino de sa table, même aux heures des repas. Il prenait la plume au point du jour, ne la quittait qu'à minuit... »

Le travail en commun est, au point de vue des études, beaucoup moins pénible que le travail isolé, tout en étant plus fructueux.

Le travail dans leur famille, des élèves externes de nos lycées, plus attrayant en apparence, est en réalité plus pénible que le travail en commun, à l'étude, des internes, demi-pensionnaires ou externes surveillés.

Les devoirs dans la famille exigent d'autant plus de force de caractère et causent d'autant plus d'ennui que l'enfant est plus jeune.

Dans le travail en commun, dans les lycées, par exemple, les devoirs se font principalement pendant l'étude du soir, cette séance a lieu après la récréation de quatre à cinq, et dure deux heures ou deux heures et demie.

Or, voici à peu près comment les choses se passent :

Les jeunes gens, en rentrant de récréation, s'installent à leur place ; il se fait un grand remue-ménage, de pupitres ouverts, de papiers froissés, de livres atteints, puis peu à peu le travail commence, et au bout de sept à dix minutes, l'attention de chacun est appliquée, les figures sont devenues sérieuses et chacun fait son labeur au milieu d'un grand silence.

Mais ce labeur se fait sans regret, sans peine, l'un n'est pas plus malheureux que l'autre, et le voisin, tout entier à sa tâche, ne semble pas à plaindre.

Chacun fait, en somme, ce qu'il voit faire à ses camarades, et en réalité, s'il donne toute son attention à son travail, le temps lui paraît court et la fin de la séance d'étude arrivera promptement.

Dans ces conditions, le jeune homme s'ennuie moins, trouve le temps plus court s'il travaille que s'il reste sans rien faire. S'il reste inoccupé, en effet, au milieu de ce silence, entouré de ses

camarades tous absorbés, il s'ennuie, attend
avec impatience l'heure de la fin de l'étude, et
alors souvent, pour trouver le temps moins long,
il se remet au travail, et finit d'ordinaire par en
prendre l'habitude.

Un jeune homme ou un enfant inattentif, ner-
veux, peu travailleur, pourra se transformer, s'il
est placé entre deux de ses camarades plus cou-
rageux que lui. Dans les cas analogues, l'influence de la contagion de l'exemple est incontestable.

Le travail individuel des enfants dans leurs
familles, au contraire, surtout dans les familles
peu aisées, est généralement pénible et ne peut
se faire que dans des conditions difficiles.
Le plus souvent, l'enfant s'installe pour faire
ses devoirs à l'extrémité d'une table, parfois
loin de la lumière ; ses parents, des sœurs,
des frères, plus petits, circulent autour de lui,
parlent, tout cela le préoccupe, l'empêche de
fixer son attention, et en général il ne songe
qu'à terminer son travail bien ou mal, le plus
tôt possible, pour être libre à son tour et pouvoir faire ce qu'il voudra.

Remarquons que le travail en commun se

trouve non seulement dans l'internat, mais aussi dans le demi-internat ; l'élève restant à l'école y termine toute sa tâche, et s'en retourne chez lui quand celle-ci est finie, maître alors de son temps et sans préoccupation de devoirs à remplir.

Les réunions d'étudiants, en vue d'études communes, de préparation à des examens, sont également très profitables, pourvu qu'elles ne soient composées que de jeunes gens animés du désir de réussir et voulant travailler sérieusement. Mais dans ce cas, la présence dans la réunion d'un seul camarade, étourdi, ou peu travailleur, toléré par esprit de confraternité, suffit parfois pour faire perdre à tout le groupe les bons effets de ce mode de travail.

Quand on est étudiant, c'est-à-dire libre de travailler à peu près aux heures de son choix, on peut ainsi se réunir plusieurs amis pour étudier en commun, le travail est alors bien plus facile, plus prompt et plus agréable. Lorsque plusieurs jeunes gens sympathisant ensemble, à peu près de même savoir, animés du même désir de connaître, associés pour apprendre, sont réunis, alors les heures d'étude passent vite et sont fructueuses.

Une recherche dans un dictionnaire, un mot à trouver, une formule à construire, sont des travaux qui profitent à tous, et quand il s'agit de corriger des notes prises à un cours, alors que seul il faudrait passer quelquefois bien du temps à reconstituer une phrase, à se rappeler une explication ; étant plusieurs, là où l'un est arrêté, l'autre ne l'est pas, mais celui-ci plus tard pourra l'être à son tour.

Si l'un n'a pas compris un passage, un autre plus heureux le lui expliquera.

Après l'étude, après le travail, viennent ces longues conversations, ces discussions où chacun échange ses idées, donne ses raisons, s'anime et met tout le feu de la jeunesse et de la conviction pour persuader et faire triompher l'opinion qu'il croit la vraie. Ces discussions fécondes remuent les idées, ouvrent de nouveaux horizons, font raisonner.

Dans ces réunions, naissent parfois des amitiés durables qui survivent au temps des études, et si plus tard un confrère devient célèbre, on est heureux et fier d'avoir travaillé avec lui.

Un des avantages du travail en commun, c'est qu'on suit alors bien plus exactement un plan d'étude, qu'on ne le ferait en travaillant seul ; dans ce dernier cas, à moins d'une ferme volonté, on se laisse trop facilement entraîner par le caprice du moment.

Au point de vue du travail personnel, quand on se rend compte de l'influence de l'émulation et de l'exemple comme excitants cérébraux capables de faire trouver le travail intellectuel moins pénible, on peut en déduire des règles de conduite facilement applicables, règles variables naturellement suivant l'âge, le milieu, les circonstances.

Règles parmi lesquelles nous pouvons citer :

La recherche de l'amitié et la fréquentation de camarades laborieux, instruits, aimant à discuter les sujets de l'étude commune ;

Les séances de lecture dans les bibliothèques, où on peut voir parfois de vieux travailleurs, aimant l'étude pour elle-même, et poursuivant avec une abnégation admirable des travaux d'érudition, des recherches et cela sans aucun espoir de profit matériel :

La fréquentation des conférences, cours, séances de sociétés savantes;

En un mot, en s'efforçant de vivre en quelque sorte, au milieu de gens adonnés au travail, ayant le culte du développement de l'intelligence; dans ce qu'on pourrait appeler « une atmosphère intellectuelle. »

L'influence de la contagion de l'exemple se manifeste d'une façon bien caractéristique dans l'enseignement oral venant soit d'un professeur ou d'un ami, d'un parent.

Si, dans son explication, l'orateur a l'air convaincu, s'il parle avec animation, semblant lui-même trouver la chose qu'il enseigne ou qu'il décrit intéressante, curieuse ou extraordinaire, l'attention de l'auditeur est excitée, celui-ci s'anime en quelque sorte par contagion, par l'exemple, il a du plaisir à écouter et s'intéresse à ce qu'il entend.

Le professeur éloquent et chaleureux, sait en quelque sorte, transformer le plaisir qu'il semble avoir à enseigner en plaisir d'apprendre.

CHAPITRE XI

L'ÉCRITURE

Succédanés de la mémoire. — Un paradoxe. — Origine des
pensums. — Calligraphie pratique. — La copie des journalistes. — Un problème.

L'écriture a évidemment dans les études un
rôle des plus importants. C'est le moyen de fixer
les connaissances acquises, de les transmettre ;
c'est, de nos jours, le seul mode pratique de production intellectuelle.

En raison de cette importance même, l'étude
complète de l'écriture envisagée à divers points
de vue, a donné lieu à de nombreuses publica-
tions, à des travaux fort étendus.

Nous ne nous occuperons ici que des côtés qui
intéressent plus particulièrement la méthode
dans l'étude et nous envisagerons l'écriture à ce
triple point de vue.

5.

1° Quelle est son influence sur la mémoire et le travail intellectuel ?

2° Quelles sont les conditions favorables à sa lisibilité ?

3° Comment peut-on arriver au maximum de rapidité ?

De tous temps, l'homme a essayé de suppléer à la faiblesse, aux défaillances, à l'encombrement de sa mémoire, en remplaçant celle-ci par des procédés artificiels, pour ainsi dire mécaniques.

La représentation sur une surface quelconque d'un signe, d'une grossière image tracée, soit avec une pointe ou un morceau de charbon et rappelant l'objet ou l'acte dont on désire garder le souvenir, a été probablement employée comme moyen de réminiscence dès le début de l'humanité.

Ce moyen est encore pratiqué de nos jours, non seulement dans les tribus sauvages, mais aussi par les illettrés des pays les plus civilisés.

C'est l'écriture figurative.

Les hiéroglyphes égyptiens constituaient une application méthodique de ce procédé.

Les écritures idéographiques, comme celle dont se servent les Chinois, découlent du même principe. C'est à la transformation de caractères idéographiques phéniciens, en caractères syllabiques, qu'est dû notre alphabet. On sait que nous tenons celui-ci des latins, qui tenaient le leur des Grecs, qui eux-mêmes en attribuaient le mérite, comme nous le disons, aux Phéniciens.

Quelques philosophes ou sophistes ont prétendu que l'écriture a eu une influence funeste sur les facultés de l'homme et principalement sur la mémoire.

C'est ce qui faisait dire à Paul Louis Courier : « Quand l'écriture fut trouvée plusieurs blâmaient cette invention, non justifiée encore aux yeux de bien des gens, on la disait propre à ôter l'exercice de la mémoire et à rendre l'esprit paresseux. Les amis du vieux temps vantaient la vieille méthode d'apprendre par cœur sans écrire, attribuant à ces nouveautés, et la décadence des mœurs, et le mauvais esprit de la jeunesse. »

De nos jours encore, des amateurs de paradoxe reprennent parfois cette même thèse.

Comme les uns et les autres ne font en somme que reproduire et commenter à ce sujet des arguments présentés déjà par Platon dans une dissertation célèbre, nous rappellerons celle-ci.

Dans le *Phèdre* Platon fait parler ainsi un de ses personnages :

« J'ai entendu dire, que près de Naucratis, en Egypte, il y eut un dieu, l'un des plus anciennement adorés. Ce dieu s'appelait Theuth. On dit qu'il a le premier inventé les nombres, le calcul, la géométrie et l'astronomie, le jeu d'échecs, celui de dés, et l'écriture.

L'Egypte tout entière était alors sous la domination de Thamus, qui habitait Thèbes, grande ville, capitale de la Haute-Egypte.

Theuth vint donc trouver le roi, lui montra les arts qu'il avait inventés, et lui dit qu'il fallait en faire part à tous les Egyptiens.

Le roi lui demanda de quelle utilité serait chacun de ces arts, et se mit à discuter sur tout ce que Theuth disait au sujet de son invention; blâmant ceci, approuvant cela. Lorsqu'ils en vinrent à l'écriture : cette science, ô roi, lui dit Theuth, rendra les Egyptiens plus savants, et soulagera leur mémoire. C'est un remède que j'ai trouvé contre la difficulté d'apprendre et de savoir.

Le roi répondit : Industrieux Theuth, tel homme est capable d'enfanter des arts, tel autre d'apprécier les avantages qui peuvent résulter de leur emploi ; et toi, père de l'écriture, par une bienveillance naturelle pour ton ouvrage, tu l'as vu tout autre qu'il n'est.

Il ne produira que l'oubli dans l'esprit de ceux qui apprennent, en leur faisant négliger la mémoire. En effet, ils laisseront à ces caractères étrangers le soin de leur rappeler ce qu'ils auront confié à l'écriture et n'en garderont eux-mêmes aucun souvenir.

Tu n'as donc point trouvé un moyen pour la mémoire, mais pour la simple réminiscence et tu n'offres à tes disciples que le nom de la science sans la réalité ; car lorsqu'ils auront lu beaucoup de choses sans maîtres, ils se croiront les plus nombreuses connaissances, tout ignorants qu'ils seront pour la plupart, et la fausse opinion qu'ils auront de leur science les rendra insupportables dans le commerce de la vie. »

Ce passage, pris au sérieux par certains commentateurs ne doit être évidemment considéré que comme un jeu d'esprit, propre à montrer que les choses les plus invraisemblables peuvent être défendues, que les plus apparentes peuvent être combattues, et qu'un esprit ingénieux sait toujours trouver des arguments en faveur de la thèse qu'il veut défendre.

En réalité l'écriture a été le plus merveilleux instrument du progrès intellectuel et matériel des peuples.

Les bienfaits de l'écriture sont évidemment dus à ce que par son aide les connaissances transmises antérieurement par l'enseignement et la tradition orales, pouvaient être dès lors fixées, perpétuées d'une façon immuable et acquérir ainsi une certitude que ne permettait pas la transmission auditive.

Au point de vue du travail personnel, l'écriture est un puissant succédané de la mémoire. L'homme qui a écrit sa pensée ou la chose dont il désire se rappeler n'a plus besoin de faire d'effort mental, d'enregistrer cette chose dans son intellect ; à chaque fois qu'il relira ce qu'il a écrit, il en reverra l'image, en retrouvera le souvenir avec une précision, une netteté, une abondance de détails que sa mémoire seule n'aurait pu lui fournir.

L'écriture supplée à l'insuffisance ou aux irrégularités de la mémoire en permettant de recueillir les leçons que l'on entend, le fruit de nos lectures, de nos recherches, de nos travaux, en nous permettant de fixer la remarque, la pensée, le rapport qui surgit dans l'esprit.

L'écriture en un mot vient seconder la mémoire dans tous nos travaux, dans toutes nos recherches ; elle vient l'aider, la revivifier en quelque sorte en lui rappelant les détails précis, les faits exacts que le temps, la surcharge ou autres causes d'oubli ont pu quelque peu, effacer de notre souvenir.

Il est de plus important de remarquer que pour les choses que l'on écrit avec attention l'écriture est un moyen de les graver profondément dans la mémoire.

L'influence de l'écriture sur nos facultés dépend beaucoup, en effet, de l'intention qu'on apporte dans ce travail.

Si l'on écrit un texte à la hâte, ayant pour préoccupation la rapidité et que sans se donner la peine de le relire, on le classe, sachant qu'il sera facile de le retrouver au besoin ; dans ce cas, le cerveau n'a pas la volonté de retenir la chose écrite, il ne fait pas d'efforts dans ce sens ; l'écriture remplace alors complètement la mémoire.

Il en est autrement si on veut retenir et fixer

dans son cerveau, avec tous ses détails, la chose qu'on écrit, il suffit dans ce cas de procéder avec une certaine lenteur ou de relire et corriger attentivement son texte lorsque celui-ci a été fait à la hâte.

L'écriture a pour résultat alors de fixer l'attention et par suite de favoriser l'assimilation intellectuelle.

Cette influence de l'écriture sur la mémoire est utilisée par quelques orateurs consciencieux qui copient leurs discours dans le but d'en apprécier rigoureusement chaque partie, de peser la valeur de chaque mot et de graver profondément le tout dans leur mémoire.

Quintilien disait : « Si quelques-uns ont prétendu que l'usage des lettres est un obstacle à la mémoire, c'est, sans doute, parce qu'ils estimaient que, nous fiant trop légèrement à ce que nous avons déposé par écrit, cette sécurité même fait qu'il nous échappe.

« Il est certain, continue Quintilien, que le meilleur moyen de se souvenir d'une chose c'est d'y avoir l'esprit fortement appliqué et de ne jamais le perdre de vue.

« Aussi, *ce que nous écrivons plusieurs jours de*

suite pour l'apprendre, finit-il par s'identifier avec nos pensées. »

Les pensums étaient, à l'origine, l'application du même principe : ils avaient pour but de graver dans la mémoire d'un élève la leçon qu'il n'avait pas apprise en la lui faisant copier un certain nombre de fois.

Les pédagogues modernes qui pour punir un élève de n'avoir pas su une leçon d'histoire, le condamnent à copier quelques milliers de vers latins oublient cette origine des pensums qui est le seul prétexte qu'on puisse invoquer pour justifier ce genre de punition.

Ainsi l'écriture a donc incontestablement une influence des plus favorables sur la mémoire et l'assimilation cérébrale.

La façon dont on doit écrire, l'écriture à adopter donne lieu, au point de vue des études, à quelques remarques importantes.

On doit rechercher, en effet, une écriture rapide pour consacrer le minimum de temps nécessaire à la fixation sur le papier, à la mise par écrit d'un texte donné ; l'écriture la plus rapide serait donc préférable entre toutes; s'il ne fallait pas que cette écriture ait un minimum de lisibilité, qu'elle ne produise pas la fatigue des yeux, qui amène rapidement, comme nous l'avons vu, une fatigue cérébrale correspondante.

La lecture d'une écriture peu lisible est défavorable à la perception intellectuelle.

Il est donc indispensable, nous le répétons, d'avoir, même pour nos notes, pour nos manuscrits, un genre d'écriture facilement lisible.

D'un autre côté, dans les relations sociales, il est très important d'avoir une écriture d'une lisibilité suffisante.

Dans les examens et surtout dans les concours, les examinateurs sont portés à compter comme fautes les lettres douteuses dans les mots imparfaitement formés.

Au point de vue des affaires, de la précision d'un traité, d'une convention, d'une simple lettre à un fournisseur, une écriture peu lisible peut être cause d'ennuis ou de pertes. On a vu d'interminables procès surgir d'une lettre douteuse dans un testament.

Pour une demande, une sollicitation, un texte bien écrit produira toujours une première impression plus favorable qu'un texte d'une écriture plus ou moins indéchiffrable.

Un certain nombre de professions sont interdites aux jeunes gens ayant une écriture insuffisante.

Toutes les carrières administratives sont dans ce cas.

Pour les carrières libérales mêmes, une mauvaise écriture est bien souvent un obstacle. En voici un exemple. Si l'on admet que la position de secrétaire chez un homme de lettres, un journaliste, un homme politique ou même, chez un avocat, soit un excellent apprentissage pour entrer ensuite dans ces carrières, cet apprentissage, cette préparation sera interdite au jeune homme dont l'écriture est défectueuse.

Bien que les journalistes aient la réputation d'écrire souvent d'une façon illisible et cela en raison de la rapidité avec laquelle ils sont obligés parfois de produire « leur copie » ; si leur écriture n'est pas suffisamment claire, c'est une cause permanente de fautes d'impression de la part des typographes, d'erreurs et de changements apportés par les correcteurs, de retards et d'ennuis.

D'un autre côté, si on doit rechercher une bonne lisibilité dans son écriture, il y a, disons-nous, pour l'étudiant, pour le travailleur, une question de temps, de rapidité qui est imposée et dont il lui est impossible de ne pas tenir compte.

L'écriture courante à adopter devrait donc avoir le maximum de lisibilité avec le maximum de rapidité, ce sont ces deux qualités opposées dans une même écriture qu'il s'agit pratiquement de concilier.

CHAPITRE XII

L'ÉCRITURE *(suite)*.

Lisibilité et rapidité. — La physionomie de l'écriture. — Une cause de myopie. — Les plumes à choisir. — Expériences directes.

La qualité prépondérante d'une bonne écriture cursive, doit être, disons-nous, la lisibilité.

La lisibilité de diverses écritures peut se mesurer mathématiquement par la distance à laquelle on peut lire couramment chacune d'elles.

Or, il est facile de se convaincre que cette lisibilité est pour une écriture donnée en raison :

De la grosseur des traits ;

De la hauteur des lettres ;

De leur bonne formation ;

Du peu d'inclinaison des signes ;

De l'espacement des lettres et des mots et enfin de cette qualité qui est le résultat de plusieurs de celles que nous venons d'énumérer et qu'on peut désigner sous le nom de « physionomie de l'écriture. »

On ne saurait trop conseiller d'éviter les écritures trop déliées, trop fines. Les caractères menus sont des plus défavorables à la vision.

Ils provoquent non seulement une rapide fatigue de la vue, mais ils forcent à écrire et à lire les yeux près du papier, ce qui favorise le développement de la myopie.

Pour les écritures fines, on emploie nécessairement des plumes à bec pointu, et un oculiste a pu dire que c'était à ce genre de plumes que lui et ses confrères devaient la plus grande partie de leurs clientèles.

La grosseur des pleins est donc une des conditions les plus importantes de la lisibilité, mais comme dans l'écriture rapide on ne saurait faire varier la pression des doigts sur la plume suivant les pleins et les déliés, ceux-ci doivent être obtenus automatiquement par la direction du bec sur le papier. Il s'ensuit que la grosseur des pleins devra être identiquement celle de la pointe de la plume ; pour obtenir une grosseur suffisante de traits, il faut employer des plumes à bec un peu large.

La grosseur des traits qui nous semble préférable pour l'écriture rapide usuelle est d'environ deux largeurs de traits au millimètre ; — des traits plus gros sont inutiles ; ils obligeraient, en effet, à une grosseur d'écriture exagérée, ou ne permettraient pas une formation suffisante des lettres.

Si on doit, en effet, adopter une écriture un peu grande, on doit éviter de l'exagération dans ce sens.

En donnant aux lettres courantes une hauteur de trois millimètres en moyenne, on obtient un excellent type d'écriture qui, tout en permettant une grande rapidité, donne une parfaite lisibilité.

Nous ne conseillerons donc pas d'adopter une de ces grosses écritures atteignant cinq, six millimètres et même davantage de hauteur.

Si, comme nous le verrons plus loin, il n'y a

qu'une différence de rapidité insignifiante entre une écriture très fine et une écriture moyenne telle que celle que nous conseillons, cette différence pourrait devenir très sensible avec une écriture d'une grosseur exagérée.

L'importance de la bonne formation des lettres n'a pas besoin d'être démontrée, si dans l'écriture rapide il est impossible de former correctement chaque lettre, il faut au moins que celles-ci puissent se reconnaître.

A hauteurs égales, les écritures tassées dans lesquelles les lettres sont rapprochées les unes des autres, les mots sans intervalle entre eux, ces écritures, quelle que soit leur grosseur, nous le répétons, sont d'une très faible lisibilité.

Elles ont un aspect uniforme ; à quelque distance, elles ne présentent qu'un enchaînement de bâtons parallèles placés côte à côte ; les grandes lettres à boucles supérieures ou inférieures sont insuffisantes, même pour rompre la monotonie de l'aspect de cette écriture.

Cet aspect rappelle la ligne de bâtons exécutés par un jeune enfant ou bien les exercices de hachures d'un dessinateur.

L'écriture tassée est peu lisible, parce que ni les lettres, ni les mots ne se détachent les uns des autres.

Les écritures en général, et surtout celles très tassées, sont d'autant moins lisibles qu'elles sont plus inclinées.

Si, de plus, elles ont été écrites avec une plume fine, elles présentent alors un aspect uniforme, terne, grisâtre, sans caractère, sans expression. Ces écritures en pattes de mouches, quelle que soit la bonne formation des lettres qui les composent, sont fort peu lisibles. Les typographes aiment beaucoup mieux déchiffrer une grosse écriture même moins correcte qu'une écriture bien formée, mais accumulant ces trois caractères contraires à la lisibilité : la finesse des traits, le tassement des mots et l'inclinaison des lettres.

La lisibilité augmente, disons-nous, avec l'espacement des lettres et des mots.

Dans la calligraphie officielle, l'uniformité conseillée sous le titre de régularité est un obstacle à la facilité de la lecture.

Dans certains modèles de méthodes d'écri-

ture, l'espacement entre chaque lettre est réduit, semble-t-il, au minimum.

Cette régularité jointe au tassement et à l'inclinaison fait que la lisibilité de l'écriture calligraphique est, en somme, très faible.

Les écritures droites sont plus lisibles, à dimensions égales et à formation équivalente, que les écritures penchées.

La ronde, la bâtarde, la gothique, la retournée sont, par suite, plus lisibles que l'écriture anglaise classique.

On peut s'en convaincre facilement en examinant le tableau spécimen d'un professeur de calligraphie ; les parties en ronde se voient à plusieurs mètres d'éloignement, tandis que celles en belle anglaise régulière vues à la même distance ne montrent que des lignes de hachures illisibles.

Dans l'écriture rapide, le temps matériel manque pour former régulièrement toutes les boucles et toutes les liaisons ; on arrive en quelque sorte à une écriture cunéiforme, ou mieux une écriture en bâtons.

Nombre de lettres se tracent alors de la même

façon, par exemple les *m*, les *n*, les *i*, les *u*, les *r*, et même parfois les *s* et les *c*.

Les mots tels que :

immunité, commune, immensément, minimum, mine, minutieux, etc., dans l'écriture usuelle, ne sont formés que de bâtons.

Mais on peut donner de la physionomie à ces mots, on peut augmenter leur lisibilité en espaçant, en séparant par un léger intervalle les différentes lettres qui les composent, en écrivant par exemple au lieu de :

minimum

en écrivant disons-nous :

m i n i m u m

et l'on y arrive très facilement avec un peu d'habitude.

Il en est de même, à plus forte raison, pour l'espacement des mots.

Des mots bien séparés entre eux, auront toujours une lisibilité plus grande que s'ils étaient entassés les uns sur les autres.

L'idéal de l'écriture lisible serait une grosse écriture, comme nous l'avons dit, espacée comme ces copies de jurisprudence dans lesquelles on s'efforce de ne faire entrer qu'un certain nombre de lettres dans chaque ligne.

Étant donné le bon marché du papier à écrire, du papier dit écolier, s'astreindre à écrire fin et à serrer les lignes par économie serait d'un mauvais calcul ; la dépense supplémentaire résultant de l'usage d'une grosse écriture étant amplement compensée par une économie de temps et de fatigue, résultant d'une meilleure lisibilité et d'une plus grande facilité de travail.

Il est possible d'obtenir une écriture bien formée tout en étant très rapide et cela en observant certaines précautions.

Naturellement, il faut éviter les fioritures inutiles, les sortes de paraphes dont certaines personnes font précéder leurs majuscules, dont elles ornent les lettres finales, les boucles des f, des j, des z.

Elles rajoutent des boucles à des lettres qui n'en ont pas ; aux p, aux t ; toutes ces fioritures causent évidemment une perte de temps.

On a proposé d'augmenter la rapidité de l'écriture courante en évitant les levées de plumes que nécessitent certaines lettres dans l'intérieur

des mots tels que : les *a*, les *d*, les *g* et les *q*.
ou encore pour la liaison des *s* avec la lettre qui
suit.

Pour éviter ces levées de plumes, on conseille
la pratique suivante : soit la lettre *a*, par exemple, précédée d'une autre lettre ; au lieu de la
former d'un *c* joint à un *i*, on la composera d'un
e joint à un *i* et de même pour les lettres analogues.

Pour l's, on peut la joindre à la lettre suivante en faisant une boucle à sa partie infé-
rieure ; l's devient dans ce cas une sorte d'*e*
renversé — *ə*.

On a encore conseillé, pour augmenter la rapidité de l'écriture, de ne mettre ni points sur
les i, ni barres aux t, ni accents, ni cédilles, ni
apostrophes ; de ne s'occuper en somme que
de la formation des lettres sans lever la plume
et sans revenir en arrière ; et c'est ensuite en
relisant posément ce qu'on a écrit à la hâte,
que l'on complète cette première ébauche pour
ainsi dire, en ajoutant tous ces signes accessoires qui contribuent considérablement à la lisibilité surtout lorsqu'il sont été mis avec soin et

non quelque peu au hasard, comme ils le sont d'ordinaire dans l'écriture très rapide.

On profite également de cette révision du texte pour remettre ou parfaire les lettres quelque peu altérées, de façon en somme à arriver à avoir une écriture bien lisible.

Naturellement, dans tous les cas où la sténographie peut être employée, on obtiendra par son concours une rapidité infiniment supérieure à celle qu'il est possible d'atteindre par l'écriture cursive, quelque hâtive et quelque abrégée qu'elle soit.

Lorsque, dans l'écriture, on cherche une grande rapidité, instinctivement on est porté à vouloir l'atteindre en formant incomplètement les lettres, en diminuant les dimensions de l'écriture, en tassant les mots les uns sur les autres et enfin en écrivant d'une écriture de plus en plus couchée.

Dans le but de déterminer le gain de vitesse obtenu par ces diverses modifications de l'écriture, modifications de chacune desquelles il résulte, comme nous l'avons vu, une diminution de lisibilité, nous avons fait quelques expériences directes.

Un publiciste éminent, s'intéressant à nos travaux antérieurs sur cette question, et cherchant lui-même une écriture lui permettant d'atteindre le maximum de rapidité joint à une lisibilité suffisante, a bien voulu nous prêter son concours. Écrivant sous la dictée pendant un nombre de minutes mesuré au chronomètre, et variant les conditions de son écriture, dimension, inclinaison, tassement, il a obtenu les vitesses suivantes :

1° Écriture demi-droite, hauteur moyenne 3^{mm}, plume grosse ; écriture complète, 176 lettres à la minute ; lisibilité 100 ;

2° Écriture demi-droite, hauteur moyenne 3^{mm}, plume grosse ; écriture complétée en relisant, 192 lettres à la minute ; lisibilité, 110 ;

3° Écriture demi-droite, hauteur 1^{mm},5 ; plume mi-fine, 178 lettres à la minute ; lisibilité, 50 ;

4° Écriture tassée, demi-droite, grosse plume, 180 lettres à la minute ; lisibilité, 40 ;

5° Écriture penchée (45°), hauteur moyenne, 2^{mm},5 ; plume grosse, 185 lettres à la minute ; lisibilité, 80 ;

6° Écriture penchée (45°), hauteur moyenne,

1^{mm},5 ; plume mi-fine, 187 lettres à la minute ; lisibilité, 60.

Il résulte de ces essais que l'écriture la plus rapide a été l'écriture mi-fine penchée.

L'écriture la plus lisible, l'écriture mi-droite, un peu grosse, surtout celle complétée à la lecture.

La différence de rapidité a été dans la proportion de $\dfrac{176}{187}$ dans le premier cas et à l'avantage de l'écriture complétée dans le second.

Le gain a donc été de 5 à 6 0/0 pour l'écriture penchée.

Mais la lisibilité a été diminuée dans des proportions de 40, 50 et 60 0/0.

Nous croyons donc qu'il n'y a qu'un très faible avantage de rapidité à prendre une écriture fine au lieu d'une écriture moyenne, et par suite à employer des plumes fines au lieu de plumes un peu grosses.

Ensuite, il nous semble que le gain qu'on peut faire dans la rapidité en prenant une écriture penchée est amplement diminué par le désavantage d'une perte considérable dans la lisibilité.

Enfin il résulte de ces essais que le tassement des lettres et des mots ne donne qu'une augmentation insignifiante de vitesse, alors qu'il produit au plus haut degré la difficulté de la lecture.

Ces expériences sont faciles à répéter, et si on les exécute sans parti-pris, en faisant écrire sous la dictée une personne non prévenue, par exemple, on arrivera toujours, croyons-nous, à cette conclusion que l'écriture préférable, au point de vue des études, en dehors des cas où la calligraphie est nécessaire, est celle qui réunit les conditions que nous avons données au commencement de ce chapitre.

Une grosseur suffisante des pleins, une hauteur moyenne, des lettres bien formées, peu d'inclinaison et un espacement accentué des mots et des lettres.

CHAPITRE XIII

LES LEÇONS DE CHOSES.

(Premier degré)

L'éducation par les yeux. — Précision du souvenir. — Voir pour comprendre. — Images mentales. — Méthode intuitive. — Musées scolaires.

Il est très important, au point de vue de la netteté des idées et de la précision du souvenir, d'avoir une image bien exacte, bien définie de l'objet ou du fait que l'on veut se rappeler.

Il est évident que l'image la plus claire et la plus précise, sera celle qu'on obtiendra par la vue directe de l'objet ; à défaut de cette vue directe, la vue du dessin, de la gravure, d'une photographie de cet objet, pourra nous fournir l'image à classer dans la mémoire.

La vue a surtout une influence considérable pendant la jeunesse et au début de la vie.

Il est incontestable que les enfants, s'ils comprennent plus difficilement que les adultes les choses expliquées, les descriptions orales, les démonstrations ; s'ils se créent plus imparfaitement des images mentales, comprennent et retiennent infiniment mieux ce qu'ils ont vu directement.

Ils ont une aptitude extraordinaire à voir rapidement une chose dans tous ses détails et à vouloir en deviner le mécanisme ou le fonctionnement.

De plus, ils témoignent un intérêt, une curiosité pour ce qui frappe leurs regards, qui les porte à fixer leur attention sur ce qu'ils voient; or cette curiosité n'existe plus au même point chez l'adulte.

Ils ont, en outre, une vivacité de vision extrême; d'un seul coup d'œil un enfant entrant dans un magasin, dans un atelier, dans un appartement, fait en quelque sorte l'inventaire de tout ce qui s'y trouve, et comme à cet âge la mémoire des localités est presque toujours très développée, il pourra donner des détails, décrire des objets, indiquer où ils se trouvaient, etc.

Journellement, dans les familles, les parents entendent un enfant parler de telle ou telle chose, spécifier telle ou telle particularité qui, dans les choses vues en commun a passé inaperçue à leurs yeux, et s'il y a contestation à cet égard, presque toujours, après vérification, on peut s'assurer que le jeune enfant a mieux vu, s'est assimilé plus de détails que ses aînés.

Il a pu moins bien que ceux-ci, découvrir, malgré ses efforts, l'usage, l'utilité de ce qu'il aura vu ; mais l'image qui se sera gravée dans son jeune cerveau sera plus précise, plus nette et, en somme, bien supérieure à celle qui se sera formée dans l'esprit de ses parents.

Cette faculté d'assimilation facile par la vue persiste, du reste, dans toute la jeunesse, dans toute la période de la vie consacrée à l'éducation et à l'étude ; si dans l'âge adulte elle s'affaiblit quelque peu, c'est qu'elle est remplacée en partie par l'aptitude infiniment plus grande à concevoir des images mentales. La formation de celles-ci est, au contraire, généralement imparfaite chez l'enfant, et lorsqu'en répondant à une de ses questions on lui fait une description détaillée, s'il la répète, on verra bien souvent qu'il a mal compris.

Cette difficulté qu'éprouvent les jeunes cerveaux à se former des images bien définies, se rencontre également chez les illettrés, à la campagne, notamment, chez les individus qui ne sont jamais sortis de leur village, et elle s'explique dans l'un et l'autre cas par ce fait psychologique que chacun peut vérifier sur lui-même ; c'est que les images mentales qui se dessinent dans l'intellect par suite d'une description, d'une explication lue ou entendue, ou d'un raisonnement personnel, se font par comparaison, par analogie avec des choses déjà vues virtuellement. Notre image mentale est composée de morceaux, de fractions d'images qui se sont déjà gravées par l'intermédiaire de la vision. Or, les matériaux, pour former ces images artificielles, ces images mentales, seront d'autant plus nombreux, d'autant plus abondants que l'on sera plus instruit, que l'on aura vu préalablement plus de choses. On comprend, par suite, la difficulté qu'éprouvent pour leur formation, les enfants et les illettrés.

Il en résulte que, si à tout âge de la vie la précision et l'intensité du souvenir est beaucoup plus grande pour les choses vues directement, que pour celles qui nécessitent la création d'une image mentale artificielle, cette différence est plus marquée chez les enfants que chez les adultes, de là l'importance prépondérante de l'éducation par les yeux pendant l'enfance et pendant la jeunesse.

Il y a bien longtemps qu'Horace disait : « Les choses qui entrent par les oreilles prennent un chemin bien plus long, et touchent bien moins que celles qui entrent par les yeux, lesquels sont des témoins plus sûrs et plus fidèles. » Et cependant, les méthodes d'enseignement avaient, jusqu'à une époque récente, négligé d'utiliser dans l'éducation cette puissance de la vision. On inculquait aux enfants des règles, des démonstrations, des abstractions, on agissait sur leurs jeunes cerveaux par l'audition et la lecture, mais non par la vue directe.

Depuis quelques années, au contraire, la méthode d'enseignement par les yeux est fort en faveur, soit que cet enseignement se fasse par la vue de l'objet lui-même ou par celle de son image.

C'est ce qui constitue cette grande méthode qui a révolutionné, pour ainsi dire, l'enseignement élémentaire : la méthode intuitive. Remarque curieuse, en France on attribue généralement le mérite de cette méthode aux pédagogues allemands, alors que ceux-ci reconnaissent en avoir trouvé les premières bases, les premiers principes dans l'*Emile*, de Jean-Jacques Rousseau.

Dans l'*Emile*, en effet, on trouve préconisé, conseillé, l'emploi de la méthode intuitive, de l'enseignement par les yeux d'où sont dérivées les méthodes connues, en France, actuellement sous le nom de méthodes Frœbel, enseignement par les yeux, les méthodes Basedow, l'enseignement par l'image, les méthodes Pestalozzi, préconisant surtout l'intuition. En France, ces méthodes ont été propagées dans l'enseignement primaire il y a relativement peu d'années. Actuellement, des leçons de choses sont données aux enfants dans toutes les écoles.

Chacune de celles-ci possède, par exemple, outre un « compendium métrique », une collection d'objets tels que : poids et mesures, de longueur et de capacités, fac-similé de monnaies, etc., un musée plus ou moins complet d'objets usuels, cailloux, métaux, matières premières, en face desquelles se donnent des leçons de choses.

L'image vient compléter ces collections : des cartes murales de géographie, des tableaux d'histoire naturelle montrant des plantes, des animaux, des instruments, servent à graver dans la mémoire la forme de ces objets.

En outre, il est à remarquer que la plupart des livres élémentaires d'enseignement renferment actuellement un très grand nombre d'images, de dessins et de gravures.

CHAPITRE XIV

LES LEÇONS DE CHOSES (*suite*)

(Dans l'enseignement supérieur)

Les expériences aux cours. — Les leçons de choses à la Sorbonne. — Musées et collections scientifiques. — Les laboratoires. — Les cliniques. — Le Muséum.

Cet enseignement par les yeux, qui joue un si grand rôle dans l'éducation des jeunes enfants, est tout aussi utile dans les études plus avancées, telles que l'enseignement secondaire, l'enseignement des lycées, l'enseignement supérieur des écoles spéciales.

Il n'est, par exemple, aucun élève qui n'ait remarqué combien les expériences de physique et de chimie faites par le professeur devant l'élève ou par ce dernier dans des travaux pratiques, facilitent l'étude des sciences.

Certains professeurs n'aiment pas faire des expériences, soit par suite d'une adresse manuelle peu développée, soit par une sorte de paresse, une économie de temps ou tout autre motif et ils se contentent de montrer les appareils et d'indiquer soit de vive voix, soit par des dessins au tableau, comment se font ces expériences.

D'autres, au contraire, multiplient à l'extrême les manipulations, font de leurs cours de véritables leçons de choses, occupent les yeux de leurs auditeurs, tout en leur parlant, provoquent et entretiennent leur attention d'une façon continue, leur facilitent, par la vue des objets, la création d'une série d'images objectives, qui se gravent d'une façon précise et profonde dans la mémoire.

Un des professeurs, ayant porté au plus haut point l'art de ces leçons de choses, dans l'enseignement supérieur, a été incontestablement le célèbre chimiste, M. Wurtz.

Pendant, pour ainsi dire, toute la durée de son cours, en même temps qu'il tenait en éveil ses élèves par une parole élégante et convaincue, il manipulait sans cesse, se donnant la peine d'exécuter les expériences les plus élémentaires, les plus simples s'il avait l'occasion d'en parler.

Dans ses cours, sa table était toujours encombrée de flacons, de produits de laboratoire, qu'il montrait à ses auditeurs, d'appareils dont il indiquait le fonctionnement.

Il considérait également comme fort importante la question de « quantité » et, par exemple, dans une de ses leçons, sur la houille, il montrait un bloc de cette substance pesant cent kilogrammes et à côté une série de bocaux et de flacons de différentes grandeurs, contenant la quantité exacte de toutes les substances que la chimie permet de retirer de cent kilogrammes de houille.

Il est incontestable qu'en sortant d'un cours, fait d'une façon analogue, l'étudiant conserve dans le souvenir une série d'images, qui, par leur succession, constituent la possession la plus complète qu'il puisse désirer, du sujet de son étude.

Toutes les sciences physiques ou naturelles s'apprennent d'une façon incomparablement plus précise, lorsque à la mémoire auditive se joint la mémoire visuelle. Mais cet enseignement par les yeux, par les leçons de choses, peut être le résultat du travail personnel de l'étudiant.

Pour la chimie et la physique, par exemple, la fréquentation des laboratoires, la vue continuelle des mille objets qui entourent alors l'étudiant, leur contact, leur manipulation, les expériences qu'il peut faire, les recherches auxquelles il se livre, les conversations qu'il entend. les conseils du chef de laboratoire, tout cela constitue pour lui une sorte d'atmosphère intellectuelle, d'assimilation scientifique, qui a lieu sans travail, sans fatigue cérébrale.

Dans un autre genre de science, en botanique, l'enseignement par les yeux joue encore un rôle important.

Il est évident que l'étudiant qui, dans un cours, entend le professeur décrire une plante ou un organe de celle-ci, se contente de prendre des notes, connaîtra cette plante ou cet organe par à peu près, mais il aurait une conception bien plus précise de ce qu'il a entendu, s'il se donnait ensuite la peine de rechercher cette plante, de l'étudier à la loupe ou au microscope.

L'herborisation ou les manipulations microscopiques de laboratoire, ont donc le grand avantage de fixer l'attention et de graver sous forme d'images dans la mémoire, le premier enseignement acquis par l'audition de la parole d'un professeur ou par la lecture.

Il en est absolument de même pour les autres sciences, physiques ou naturelles. La formation des collections, formation auxquelles se livrent quelques étudiants, ne doit pas être considérée comme une précoce manie d'accumuler des objets rares et curieux, mais bien comme un moyen d'enseignement personnel par leçons de choses.

Dans l'étude de la médecine, les vieux professeurs disent que l'anatomie s'apprend par la dissection, la thérapeutique au lit des malades.

Dans l'enseignement de la mécanique, la manipulation, la construction d'appareils ou de schémas est un excellent enseignement par les yeux.

Pour en citer un exemple, l'enseignement de la mécanique au Trinity Collège de l'Université de Cambridge est renommé dans tout le Royaume-Uni ; or, cet enseignement est aussi pratique que théorique.

Les étudiants travaillent manuellement plusieurs heures par jour et construisent eux-mêmes les machines dont ils ont fait les plans, dont ils ont étudié théoriquement les moindres détails et qu'ils créent ensuite par la fonte des pièces, la forge, le tour, le burin, la lime.

On ne saurait donc trop conseiller aux élèves et aux étudiants de pratiquer pour eux-mêmes ces leçons de choses ; quelle que soit la précision de l'image qu'ils se sont faite d'un objet sur sa simple description, il leur sera utile de le voir, de l'examiner directement.

L'enseignement personnel par leçons de choses est incontestablement le mode d'acquisition intellectuel le moins pénible, demandant le moins d'efforts et de concentration du cerveau, tout en étant celui qui permet le plus facilement de préciser la réponse à une interrogation d'examen, de donner des détails aussi complets qu'il peut être nécessaire et de conserver des études acquises de cette façon, un souvenir bien net et de longue durée.

Un des grands avantages de l'enseignement supérieur de Paris est cette abondance d'objets, de spécimens, d'échantillons, d'appareils, que l'étudiant parisien est à même de voir, soit dans les collections d'écoles, soit dans les musées ; par exemple, dans les collections de l'Ecole des mines, de l'Ecole de médecine, de l'Ecole de pharmacie, du Conservatoire des Arts-et-Métiers et, enfin, dans celles, si abondantes et si complètes, des diverses galeries du muséum d'histoire naturelle.

A chaque moment de l'existence, pour ainsi dire, il se déroule, devant nous, une succession d'objets, de faits et d'images ; la moindre sortie, la moindre promenade fait passer sous nos yeux des spectacles nouveaux et variés. Il y a lieu de tenir compte, au point de vue de l'éducation personnelle, de cet enseignement de tous les instants ; il est utile de s'habituer à bien voir, à comprendre ce que l'on voit et à se rendre compte, autant que possible, des causes et de l'enchaînement des faits.

Celui qui s'adonne à cet enseignement accessoire acquiert ainsi peu à peu, une habitude de réflexion et de comparaison des faits entre eux, une sûreté de raisonnement incontestable, c'est, en somme, cet enseignement involontaire acquis d'une façon consciente ou inconsciente, qui constitue en grande partie ce que l'on a appelé la maturité d'esprit, le bon sens, l'expérience.

Cette attention, portée sur les choses que nous voyons, dépend non-seulement d'une aptitude innée, mais aussi, en grande partie, de l'habitude et de la volonté.

Darwin, le célèbre naturaliste anglais, disait : « Si je suis supérieur en quelque façon au commun des hommes, c'est par un certain don de remarquer les choses qui échappent aisément à l'attention et de les étudier avec soin... »

Certaines personnes font de grands voyages, visitent des expositions, des musées, mais n'ont regardé que d'une façon indifférente, et, en somme, n'ont rien vu. Il est donc utile de s'habituer à porter notre attention sur ce que nous sommes à même de voir, afin de ne pas perdre les bénéfices de cet enseignement personnel involontaire et d'acquérir ainsi une quantité de connaissances d'une valeur incalculable.

CHAPITRE XV

LES LEÇONS DE CHOSES (*suite*).

Théâtres. — Cirques. — Exhibitions. — L'enseignement mo
ral. — L'histoire par le théâtre. — Les reconstitutions
archéologiques. — Les pièces géographiques. — Les Féeries. — Applications scientifiques. — Décors et panoramas.

Le théâtre offre souvent aussi des occasions
d'enseignement par les yeux.

Non-seulement un très grand nombre de pièces ont un but d'enseignement moral, ont une
conclusion éveillant des sentiments de jus-
tice et d'humanité, mais en outre, beaucoup
constituent un véritable enseignement historique.

Les unes nous transportent au temps des
Hébreux, nous montrent leurs costumes, leurs
mœurs, leur vie.

Les monuments de l'époque nous sont montrés par les décors, et dans les grands théâtres la mise en scène est faite avec assez de soins, assez de précision, pour être une véritable reconstitution.

D'autres pièces nous transportent au milieu de l'antique civilisation égyptienne, d'autres sont relatives à des faits de l'histoire des Perses, des Grecs ou des Romains.

Tous les grands faits de l'histoire universelle ont été transportés sur la scène, sous forme de tragédies, de drames ou même d'opéras.

On pourrait presque dire que les pièces de théâtres ont plus fait pour l'introduction de notions historiques parmi le public peu lettré que les ouvrages spéciaux, que les histoires techniques.

Même pour les jeunes gens instruits, la vue d'une tragédie classique ou d'une pièce de Molière, jouée au théâtre Français ou à l'Odéon, est une véritable révélation par l'impression qu'elle produit, les sentiments qu'elle réveille, comparativement à ceux qu'elle avait provoqués lorsque cette pièce avait été étudiée ou apprise dans le cours des études.

Au point de vue de la géographie, un grand nombre de pièces conduisent le spectateur dans les contrées les plus lointaines, nous montrent des costumes, des vues de pays, des habitations, des scènes de mœurs, des combats.

Toutes ces choses dans leur ensemble, constituent un véritable enseignement géographique. Pour ne citer que quelques-unes de ces pièces, nous rappellerons à titre d'exemples :

Les légendaires « Pirates de la Savane » dont une partie se passe dans l'Amérique du Sud.

Le « Tour du monde en quatre-vingt jours », de Jules Verne, nous fait passer en quelques heures de l'Angleterre, en Égypte, aux Indes, à San-Francisco, dans les montagnes Rocheuses, à New-York.

Toutes les pièces dont les héros voyagent sont dans ce cas.

« Michel Strogoff », nous conduit en Russie et au milieu des steppes de l'Asie centrale.

« Mathias Sandorf » nous mène en Autriche, sur différents points de la mer Adriatique, en Italie, dans les îles de la mer Méditerranée.

Il y a enfin d'autres pièces ayant un caractère scientifique incontestable.

Beaucoup de féeries renferment en effet des données scientifiques bien que mêlées parfois à des dispositions invraisemblables, mais celles-ci sont toujours faciles à discerner.

Toutes les pièces à grand spectacle offrent, tout au moins, l'exemple d'applications scientifiques au plaisir des yeux.

Une grande partie de la machinerie théâtrale, de la mise en scène, des trucs, des effets d'optique et des effets de lumière, est du ressort de l'ingénieur ; elle a été scientifiquement déterminée et est scientifiquement obtenue.

A plusieurs reprises, divers auteurs ont essayé de donner un enseignement scientifique populaire au moyen de pièces de théâtres.

C'est ainsi que M. Louis Figuier a fait représenter une série de pièces se rapportant à l'histoire des sciences.

Dans les cirques, à l'hippodrome, dans tous les endroits en somme où l'on donne des spectacles, on trouve des sujets d'études.

Depuis les animaux savants, les exercices de force, d'adresse, d'agilité, jusqu'aux exhibitions et spectacles populaires.

L'hippodrome, par exemple, a montré une fantasia arabe. Le cirque d'hiver a donné une fête à Ceylan. Le jardin d'Acclimatation a pré-

senté une superbe troupe de véritables Cingha-
lais, permettant d'apprécier leurs danses, leurs
combats, leurs cérémonies ; avant et depuis, il
a exhibé des troupes de Peaux-Rouges, de Fué-
giens, d'Abyssiniens, de Lapons, de Gauchos,
d'Achantis, de Hottentots, de Cosaques, etc.

Ce sont là des exhibitions ethnographiques
fort intéressantes.

Les Panoramas, par la grandeur réelle ou
apparente des tableaux qui les constituent, par
leur mode particulier d'éclairage, qui donne aux
figures un relief et une intensité spéciale, frappent vivement l'imagination et impressionnent le
souvenir, comme si la vue avait été directe. Ils
peuvent contribuer à l'enseignement par les
yeux.

C'est ainsi que dans la plupart des panoramas
existant à Paris, ou ayant existé récemment, on
trouve matière à enseignement.

Les panoramas patriotiques, tels que ceux de
la bataille de Buzenval, les cuirassiers de Reis-
choffen, le siège de Belfort, montrent non-seulement les malheurs de la patrie, les efforts faits
pour la défendre, le courage et l'héroïsme de ses

soldats, mais de plus ces épisodes rentrent incontestablement dans les études historiques.

Le panorama de la prise de la Bastille rappelle également un fait important de l'histoire et nous donne un aperçu exact de l'aspect de Paris, il y a un siècle.

Le panorama de Paris à travers les âges nous retrace, comme son nom l'indique, l'histoire de cette ville.

Le panorama de Constantinople était une vue géographique qui donnait évidemment aux spectateurs une idée précise de cette partie de l'Orient, de l'aspect de la ville, du port, des costumes et jusqu'à un certain point, des mœurs des habitants.

Le jardin d'acclimatation, a montré, pendant plusieurs années, un panorama fort joli, dû à un peintre de talent, M. Castelli, représentant les animaux antédiluviens et cela avec des dimensions et un relief qui faisait ressortir vivement la forme, l'aspect, les luttes, les mœurs de ces animaux.

On sait que ce panorama a été incendié en 1887.

Notons encore, un curieux panorama géogra

phique établi au palais de l'Industrie en 1886 et faisant exécuter une ascension à la mer de glace en Suisse; on voyait des vues de vallées, des aspects de montagnes, des glaciers, des cataractes, etc.; l'illusion était presque complète.

Dans ce qui précède, nous avons voulu montrer que des spectacles que nous recherchons par plaisir, par curiosité, il est possible de retirer un véritable bénéfice intellectuel.

On y rencontre en effet, non-seulement un grand nombre de faits qui viennent compléter ou confirmer nos études ou nos lectures antérieures, mais aussi des aperçus nouveaux et si l'on veut chercher le côté utile de ces spectacles, on verra que ceux semblant les plus faits pour le plaisir des yeux, peuvent presque toujours constituer un précieux et utile enseignement.

CHAPITRE XVI

IMAGES ET GRAVURES

A défaut des leçons de choses. — L'utilité des images. —
Les descriptions figuratives. — Les démonstrations gra-
phiques. — La lecture et les illustrations.

A défaut de la vue des objets, l'image
peut rendre des services considérables ; ainsi
dans les études, de quelque nature qu'elles
soient, l'on doit toujours préférer les ouvrages
dans lesquels les gravures, les planches, les dessins explicatifs sont nombreux, à ceux dans lesquels les figures sont défectueuses ou insuffisantes : les premiers procurent une économie de
temps, une facilité d'étude dont il y a lieu de
tenir un grand compte.

Il y a près de deux siècles, qu'un artiste et
littérateur, Roger de Piles, dans son abrégé de

la vie des peintres, faisait ressortir, de la façon suivante, l'utilité des images (des estampes) au point de vue de la facilité et du profit des études.

« Entre tous les bons effets, disait-il, qui peuvent venir de l'usage des estampes, on se contentera ici d'en rapporter six, qui feront juger facilement des autres.

Le premier est de divertir par l'imitation, en nous représentant par leur peinture les choses visibles.

Le deuxième est de nous instruire d'une manière plus forte et plus prompte que par la parole.

Le troisième est d'abréger le temps que l'on emploierait à relire les choses qui sont échappées de la mémoire et de la rafraîchir en un coup d'œil.

Le quatrième, de nous représenter les choses absentes comme si elles étaient devant nos yeux, et celles que nous ne pourrions voir que par des voyages pénibles et par de grandes dépenses.

Le cinquième, de donner les moyens de comparer plusieurs choses ensemble facilement, par le peu de lieu que les estampes occupent, par leur grand nombre, et par leur diversité.

Et le sixième, de former le goût aux bonnes choses, et de donner au moins une teinture des beaux-arts, qu'il n'est pas permis aux honnêtes gens d'ignorer.

Quoiqu'on puisse en tout temps et à tout âge tirer de l'utilité de la vue des estampes, néanmoins celui de la jeunesse y est plus propre qu'un autre : parce que le fort des jeunes gens est la mémoire (des yeux) et qu'il faut, pendant qu'on le peut, se servir de cette partie de l'âme pour en faire un amas, et pour les instruire des choses qui doivent contribuer à leur former le jugement. »

On peut tirer de ce qui précède une conséquence importante ; c'est de rechercher autant que possible dans les études, les gravures, les figures, les illustrations ; de pratiquer la leçon de choses par l'image à défaut de leçons de choses par la vue des objets.

Il est incontestable, que la vue des dessins de quelque nature qu'ils soient, provoque l'intérêt, fixe l'attention et cela indépendamment de toute préoccupation artistique ; ce goût pour les images se rencontre à tout âge et n'est point seulement particulier aux enfants ; il existe à un degré tout aussi prononcé chez les adultes et même chez les vieillards. Il n'est guère de personnes, qui ayant à portée de la main un volume illustré, un album, un carton de gravures, ou d'images d'Epinal, ne prennent plaisir à l'ouvrir, à le feuilleter, à voir ces illustrations et à lire les légendes ou le texte qui les accompagne. Quand on se livre à cette occupation, le temps passe avec rapidité, et c'est presque toujours à regret qu'on ferme le livre ou l'album.

C'est que cette lecture en images est beaucoup moins fatigante que la lecture d'un texte, et cela non-seulement au point de vue des organes de la vision, mais encore au point de vue cérébral. Cette lecture, en effet, ne nécessite pas l'effort de reconstitution d'images mentales qu'exige la lecture d'un texte donnant une description, ou l'effort de compréhension et de raisonnement que provoque toute explication.

Par le seul fait de la vue d'images explicatives suffisantes, ce double travail se fait pour ainsi dire instantanément, sans fatigue et l'assimilation cérébrale qui en résulte est beaucoup plus complète.

De plus, comme nous l'avons dit pour les leçons de choses, le souvenir se gravant sous une forme précise, se conserve pendant un temps fort long. Il n'est personne qui, à propos d'un fait, d'une conversation, d'une lecture ne se soit reporté par enchaînement des idées à une gravure, à une image qu'elle se souvient avoir vue il y a fort longtemps, alors parfois que cette personne était toute jeune, au début de sa vie. Ce souvenir d'une image vue dans l'enfance se conserve jusque dans la vieillesse et souvent des octogénaires parlent avec précision des images qu'ils ont regardées il y a fort longtemps, alors que le souvenir des lectures faites à la même époque a complètement disparu.

La vue des images et des gravures a au plus haut point également, le pouvoir de provoquer l'enchaînement des idées, le pouvoir de faire penser, de faire réfléchir.

En parcourant des images, que celles-ci soient techniques ou simplement pittoresques, on se sent insensiblement amené à penser, à voir mentalement des images connexes, à se rappeler des souvenirs antérieurs, et souvent à comprendre, à apercevoir tout à coup des explications évidentes de faits qui avaient laissé dans notre esprit quelque obscurité.

La vue des journaux illustrés, par exemple, en raison de la variété des sujets qu'ils traitent, nous fait parcourir à chaque instant un monde nouveau, et fait représenter à notre imagination des milliers d'images virtuelles, ou mentales. C'est une remémoration de faits antérieurs qui, incontestablement, constitue une excellente gymnastique intellectuelle.

Les images ont un autre résultat important, c'est qu'en fixant l'attention, elles éveillent la curiosité, donnent le désir de connaître le texte qui accompagne ou correspond à l'image, et augmentent considérablement l'intérêt que celui-ci peut nous inspirer. L'illustration est le moyen le plus efficace employé par les éditeurs de journaux mondains, pour exciter la curiosité des acheteurs, et par les journaux scientifiques pour provoquer l'intérêt et éviter la fatigue cérébrale de leurs lecteurs.

Au point de vue de l'attrait de la lecture il est évident que les journaux illustrés, quel que soit du reste leur genre : littérature, science ou voyages, etc., sont d'une lecture infiniment plus facile que les journaux dépourvus d'illustrations. La même remarque s'applique aux ouvrages soit de lecture, soit d'enseignement.

Dans l'étude des sciences physiques et naturelles : physique, chimie, histoire naturelle, zoologie, botanique, anatomie, physiologie, etc., l'utilité des images et des illustrations est évidente, mais cette utilité n'est pas moindre dans les autres branches d'études.

L'étude de l'histoire, par exemple, sera facilitée par la vue des costumes, des monuments, des tableaux et dessins des artistes de l'époque, par l'étude des cartes, plans ; par la vue des machines, appareils, ustensiles, bijoux, ornements, etc. Soit qu'on se livre à cette étude, de visu, dans les musées ou collections, recueils de gravures du temps, en vue de travaux d'érudition, soit qu'on la fasse simplement sur les reconstitutions et gravures des histoires de France illustrées.

En parcourant les pages d'un de ces livres, on voit successivement se dérouler la vie des peuples et l'histoire des générations.

Les séries de siècles passent devant nos yeux en quelques minutes, faisant disparaître pour notre imagination la question de temps et de lente succession des années.

La vue des gravures nous reporte en quelque sorte à l'époque que nous étudions ; en voyant ces images, nous avons une idée précise des mœurs et des coutumes de cette époque, et cela d'une façon beaucoup plus nette que ne le pourrait faire la lecture des descriptions les plus détaillées.

En géographie, la gravure, indépendamment des cartes et des plans, nous donne l'aspect général du pays, nous montre des villes, des populations, des produits, nous renseigne sur la faune et la flore, nous présente les habitants, nous donne une idée de leurs costumes, de leurs mœurs, précise la figure de choses et d'objets bien difficiles à se représenter sous forme d'images mentales par leur seule description.

La gravure remplace en quelque sorte le voyage, et est le complément de la description technique du géographe ou du récit du voyageur.

Dans l'étude des beaux-arts et de l'architecture, l'examen approfondi des gravures vient se joindre nécessairement à l'enseignement écrit ou oral.

Il en est évidemment de même dans les sciences physiques, dans les sciences naturelles ou médicales, etc.

En somme, au point de vue pratique de l'art d'apprendre, il faut autant que possible, dans les travaux auxquels on se livre par goût ou par nécessité, rechercher comme complément du texte, la figure des choses.

La vue des images, à défaut de celle des objets, est donc l'accessoire obligé de tout enseignement, de toute étude, quelle qu'elle soit.

CHAPITRE XVII

LES IMAGES COMME MOYEN DE RECHERCHES.

L'histoire par l'image. — Les commentateurs. — L'archéologie. — Inscriptions et bas-reliefs. — Les sciences perdues. — La mécanique des anciens. — Les appareils de physique. — Découvertes à refaire.

Lorsqu'on étudie l'histoire des peuples anciens aux sources mêmes, c'est-à-dire dans les textes ou dans les traductions qu'en ont fait des savants, des érudits, on est frappé de l'insuffisance des descriptions. On ne peut d'après la lecture seule se former une image précise des costumes, des armes, des parures de ces peuples, ni de leurs monuments et de l'aspect général de leurs villes. Dans l'image qu'on s'en forme alors il reste un vague, une indécision en quelque sorte pénible pour le lecteur.

8.

C'est cette indécision qui a créé les commentateurs, les érudits interprétant les textes suivant des probabilités, suivant leurs appréciations personnelles. Or les opinions que chacun d'eux exprime sont souvent bien différentes, parfois même opposées à celles de leurs confrères.

Mais, si des fouilles archéologiques font découvrir un bas-relief, un dessin même grossier, tracé sur la pierre, une figurine de terre ou de bronze, se rapportant à un texte dont le sens est discuté, immédiatement l'on possède un renseignement précieux, qui vient élucider le document dont on était déjà en possession.

Dans l'histoire de l'antiquité, l'étude des images est le complément indispensable de l'étude des textes écrits. Pour en citer un exemple, malgré l'étendue et la précision des textes que nous a laissés le peuple hébreu, bien des points restent vagues dans son histoire par suite du nombre restreint de bas-reliefs et d'inscriptions qui lui ont survécu. Les monuments de l'Égypte au contraire nous retracent toute l'histoire, toute la vie d'une série de générations qui se sont succédées pendant des milliers de siècles. On ne connaît que fort peu de chose de l'histoire des Gaulois avant l'invasion romaine et cela autant par l'absence de textes écrits que par l'absence de bas-reliefs. Pour l'histoire romaine même, on peut dire que quelques-uns de leurs monuments, comme la colonne Trajane, nous ont plus appris que les textes pourtant si nombreux et si précis de leurs historiens.

Au point de vue des connaissances scientifiques, nous n'avons, par suite de l'absence d'images, que des renseignements imparfaits sur les travaux des savants de l'antiquité. Nous ne connaissons que quelques-uns des appareils d'Archimède, de Vitruve, de Hiéron, et il est incontestable que bien des découvertes, des inventions anciennes ont dû être refaites de nouveau dans les temps modernes. Ce qui évidemment a constitué un retard dans la marche du progrès scientifique.

Notons que le développement actuel de la gravure, développement tout moderne, préservera probablement les générations futures d'une perte analogue.

CHAPITRE XVIII

LA PHOTOGRAPHIE DANS L'ÉDUCATION.

Photographie et vue directe. — L'impression visuelle. — Utilité pour l'étude. — Les stéréoscopes géographiques. — L'histoire par la photographie. — Les recherches scientifiques.

Parmi toutes les images, celles obtenues au moyen de la photographie sont de beaucoup les plus parfaites ; elles semblent appelées à jouer un rôle fort important dans l'éducation.

Ces images, en effet, par leur précision, par leur netteté et leur rigoureuse exactitude remplacent presque la vue des objets.

Il est à remarquer que l'image photographique est absolument complète, elle reproduit les plus petits détails des objets, elle retrace tout ce que la vue est à même de saisir. Dans le dessin graphique, au contraire, quelles que soient la patience et le talent du dessinateur, il y aura toujours des détails oubliés ou indiqués d'une façon incomplète.

On peut comparer une image photographique à une image visuelle qui s'est gravée sur la rétine de l'œil d'une personne et qui, par la réalisation d'un miracle scientifique, peut de nouveau impressionner d'une façon identique l'œil d'autres individus éloignés d'une distance quelconque de l'objet primitivement vu, ou après un temps illimité.

La photographie est en quelque sorte la fixation et la reproduction par épreuves, d'images virtuelles.

Une collection d'images photographiques représente au plus haut point l'emmagasinement des images dans le cerveau, emmagasinement qui, comme on le sait, constitue la mémoire et donne des matériaux à toutes les fonctions intellectuelles : pensée, comparaison, raisonnement, etc.

Un casier de photographies nous présente le schéma d'un lobe du cerveau.

La photographie est surtout utile pour la reproduction de vues ayant une très grande quantité de détails : en architecture et en archéologie par exemple, la reproduction photographique des monuments rend non seulement le rapport exact des diverses parties de ceux-ci, mais les moindres particularités des sculptures et des ornements.

Dans la reproduction des appareils, des instruments, la photographie apporte un relief que ne donne pas le plan technique, une précision et une sûreté de détails auxquelles le dessin, quelque parfait qu'il soit, ne peut arriver.

Dans les beaux-arts, la reproduction photographique des statues, des groupes, permet de les étudier avec une netteté que ne peut donner la gravure.

C'est surtout dans l'étude de la géographie que les images photographiques peuvent rendre d'importants services.

La photographie remplace, en quelque sorte, la vue directe des localités et transporte le lecteur au milieu des pays, des villes, des sites dont il voit l'image.

Grâce aux collections de vues de toutes les parties du monde, qui ont été faites par des milliers de voyageurs, il est possible à l'homme le plus sédentaire de se transporter idéalement dans les contrées lointaines.

Il peut non-seulement voyager par la pensée, mais voir des pays, de la façon la plus directe, la plus objective ; contempler des précipices, où s'élever au sommet des plus hautes montagnes et cela naturellement, sans aucune fatigue et sans aucun danger.

Au point de vue de l'étude de la géographie, les images stéréoscopiques, qui regardées dans le petit appareil bien connu, le stéréoscope, donnent la sensation visuelle du relief des objets sont surtout à recommander.

Les photographies sur verre, faites pour être vues par transparence et pouvant recevoir, par conséquent, un éclairage aussi intense qu'on peut le désirer, donnent surtout une singulière impression de réalité.

Il existe notamment une sorte de stéréoscope, d'assez grandes dimensions, renfermant une série de vues transparentes, celles-ci viennent se présenter successivement au regard par suite de la manœuvre d'un simple bouton ; en quelques minutes elles peuvent faire parcourir un pays, voir ses sites les plus beaux, ses monuments, l'ensemble de ses différentes villes, ses montagnes, ses fleuves, ses ports, le type de ses habitants, les costumes de ceux-ci, les animaux, les plantes, etc ; en un mot, montrer en quelques instants tout ce qu'il est utile de voir dans tout un pays.

La géographie étudiée de cette façon perd évidemment toute son aridité.

Le seul inconvénient de la photographie, remplaçant les gravures dans les études personnelles, est son prix relativement élevé ; mais depuis quelques années, grâce à la découverte des procédés de reproduction de photographies par la gravure chimique (l'héliogravure) le prix des épreuves ainsi obtenues ne dépasse pas celui des gravures obtenues par les procédés ordinaires : gravure sur bois ou lithographie.

La photographie constitue en outre un puissant moyen de recherches scientifiques, qui peut être d'un grand secours dans les études personnelles. Souvent elle remplace en effet avec avantage la vue directe des objets. En voici quelques exemples :

Dans l'étude des bas-reliefs et des inscriptions la photographie apporte une précision rigoureuse, souvent même préférable, à la vue et à l'estampage le plus parfait.

La photographie des monuments de l'Egypte a amené de nombreuses découvertes ; celle de l'obélisque de la place de la Concorde, par exemple, a révélé aux Egyptologues nombre de détails qui avaient échappés à leur vue.

On sait que la photographie est actuellement appliquée à l'étude du ciel, et qu'un grand nombre d'observatoires, à la suite du congrès astronomique tenu à Paris en 1887, se sont entendus pour photographier complètement la voûte céleste. La photographie d'une portion du ciel examinée à l'aide d'un fort grossissement révèle à l'observateur des astres, des planètes, des étoiles ou groupes d'étoiles, des comètes, que les meilleures lunettes, les plus forts téléscopes, n'auraient pas permis d'apercevoir et d'apprécier d'une façon assez distincte pour les étudier.

Dans ce cas comme dans les précédents, la photographie constitue un véritable moyen mécanique de vision, beaucoup plus parfait que celui possédé par l'homme dans ses organes visuels : les yeux.

Il y a, en effet, un très grand nombre de cas,

dans lesquels la photographie, soit vue directement, soit sous la loupe ou le microscope, révèle des particularités inaperçues par la vue seule ou par la vue aidée d'instruments grossissants. C'est ainsi que la photographie est employée actuellement d'une façon usuelle dans les expertises judiciaires, pour révéler les faux en écritures, non seulement les fausses signatures, mais aussi les surcharges, les grattages, les changements de chiffre ou de date, les faux billets de banque et même les fausses monnaies.

Les épreuves photographiques donnent souvent la certitude d'une culpabilité qui n'était que probable par l'expertise alors que la vue seule avait été employée.

La photographie est employée actuellement pour saisir des phénomènes d'une durée extrêmement courte; on obtient par les procédés instantanés l'image d'éclairs et de décharges électriques, l'image d'explosions de mines ou de torpilles; on photographie au passage un boulet de canon ou une balle de fusil.

La photographie rend de très grands services aux études physiologiques.

Les diverses positions des ailes des oiseaux

dans leurs rapides successions sont fixées par l'image photographique pendant le vol.

On photographie les divers mouvements d'un cheval lancé au galop, d'un homme qui marche ou qui court, d'un cheval ou d'un chien qui franchit un obstacle.

Et tous ces mouvements si rapides, si fugitifs, toutes ces transformations que l'œil ne peut apprécier que d'une façon extrêmement vague, se trouvent fixés par la photographie et peuvent être étudiés dans leurs détails, dans toutes leurs manifestations, dans le cabinet de travail où ils peuvent être soumis à toutes les observations, à toutes les mensurations utiles.

Cet avantage de la photographie, fixer l'image d'objets ou de choses dont l'examen direct par la vue est difficile ou ne peut être de longue durée, se fait sentir surtout dans les études micrographiques, dans l'examen des infiniment petits.

Il est évident que, si au lieu de passer de longues heures à examiner au microscope une préparation, on photographie celle-ci, avec l'agrandissement sous lequel on l'aurait vue ou avec un agrandissement plus considérable et cela par des procédés de photographie microscopique bien connus, on s'épargnera d'abord la fatigue de l'examen direct et l'on conservera, en outre, d'une façon permanente, l'image de la préparation.

Il est certain que la photographie apporte dans la plupart des études une facilité et une précision de travail incontestables, aussi les appareils photographiques sont-ils le complément indispensable de tout laboratoire.

Actuellement même, les procédés sont assez simples et les appareils assez peu coûteux pour que la plupart des jeunes gens, dans leurs études personnelles, soient à même de profiter des avantages que peut leur procurer l'art de la photographie.

CHAPITRE XIX

LE DESSIN PERSONNEL

Esquisses et dessins. — Les notes du cours. — Les lectures. — Les raisonnements dessinés. — La fixité de l'attention et du souvenir. — Procédés rapides. — Précieuses collections.

Outre les gravures et les images, que l'étudiant est à même de voir dans les ouvrages sur lesquels il travaille, il obtient encore un concours puissant, une facilité d'étude, un attrait et un moyen de fixer son attention en faisant lui-même des dessins.

On peut dire que, quel que soit le genre d'étude auquel se livre un étudiant, au lieu de se tenir la tête à deux mains et de piocher sa leçon en la répétant un grand nombre de fois, alinéa par alinéa, il doit préférer avoir constamment la plume ou le crayon à la main afin, non-seulement de souligner, de noter ou d'annoter la leçon paragraphe par paragraphe, comme nous l'avons déjà vu ; mais encore de reproduire par un dessin plus ou moins fini, d'esquisser par quelques traits tous les passages, toutes les descriptions, tous les faits susceptibles de l'être.

Il est certaines études qui nécessitent l'emploi du dessin d'une façon constante ; les mathématiques sont dans ce cas. Suivre un raisonnement sur la figure du livre grave bien difficilement son enchaînement. Il en est tout autrement, quand, ayant lu et compris une démonstration, on ferme le livre et l'on essaie de reconstituer le raisonnement en faisant la figure. Si l'on réussit cette épreuve, on peut être assuré de connaître le théorème, de pouvoir résoudre le problème, quelle que soit la forme sous laquelle il nous sera présenté.

La reconstitution des figures est non-seulement très utile dans la géométrie, la trigonométrie, la mécanique, mais aussi dans les sciences physiques.

En physique et en chimie, il est bon de reconstituer l'aspect des appareils, les diverses phases d'une expérience, etc....

En histoire naturelle, le dessin, le croquis joue aussi un rôle capital, soit dans l'étude des animaux, soit dans celle des plantes.

Beaucoup d'étudiants illustrent leurs cahiers de notes, d'un très grand nombre de croquis. En général, ces croquis sont faits d'une façon bien hâtive et n'ont que de petites dimensions ; ils constituent cependant un excellent moyen de fixer l'attention et de graver dans la mémoire, sous forme d'images, le fait ou la forme de l'objet à se rappeler. On peut dire que ces dessins ne sauraient être trop abondants ; souvent même il y aurait avantage à les refaire avec un peu plus de précision et des dimensions plus considérables, quand on revoit ses notes et quand on les étudie.

C'est une excellente pratique, ainsi que nous l'avons déjà fait remarquer, d'avoir pendant la lecture la main occupée à noter, souligner et dessiner.

Naturellement, lorsque le dessin est employé comme moyen d'étude, on ne saurait y consacrer le même temps, ni y apporter le même soin que si on l'exécutait à un point de vue artistique ; mais, cependant, il est utile de chercher à dessiner d'une façon suffisamment correcte, pour bien représenter ce que l'on veut et avec assez de promptitude pour ne pas y consacrer plus de temps que cela est nécessaire.

Les dessins doivent être, avons-nous dit, de grandes dimensions, il y a avantage cependant à ne pas dépasser le format du livre sur lequel on travaille ou du cahier sur lequel on a pris les notes ; mais un dessin un peu grand sera généralement plus correct, permettra de donner des détails plus précis et aura enfin l'avantage de frapper plus vivement l'imagination et de se graver pour une plus longue durée dans la mémoire.

Le procédé de dessin à employer n'est pas indifférent ; on ne peut évidemment pas se servir de fusain, la mine de plomb même s'efface trop facilement.

Le procédé qui nous semble le meilleur consiste à faire l'esquisse à l'aide de quelques coups de crayon, ce qui permet les remaniements, les corrections, les retouches des trop grosses fautes d'ensemble. Lorsque la place des traits est ainsi indiquée, on peut dessiner avec certitude, employant une plume ordinaire, celle par exemple dont on se sert pour écrire.

Par ce moyen, les dessins ont une netteté, une précision et un relief qui, au point de vue de l'étude, leur donnent une très grande valeur. De plus, ils se font avec rapidité ; ainsi quelques minutes suffisent pour reproduire une plante avec tous les détails qui caractérisent son espèce, pour dessiner un organe, un appareil, etc.

Dans certaines études, il est utile d'ombrer et de teinter les dessins ; le procédé le plus rapide, croyons-nous, consiste à employer des teintes plates, très faibles, analogues par exemple à celles que l'on donne aux cartes de géographie, teintes permettant de bien distinguer les noms et autres indications que l'on pourrait avoir à écrire.

Chaque partie reçoit une teinte uniforme et les ombres sont légèrement indiquées ensuite à l'aide du crayon. Ces dessins teintés, bien que se faisant très rapidement, sont parfois fort jolis et ont une véritable valeur artistique.

L'emploi du dessin personnel trouve même

son application dans les travaux littéraires ; dessiner est un moyen de faciliter le mécanisme de la pensée et de préciser l'image créée par l'imagination.

On cite à l'appui de ce fait deux exemples célèbres. Victor Hugo, qui, comme on le sait, avait un réel talent de dessinateur, s'interrompait parfois en écrivant pour tracer en quelques larges et vigoureux traits de plume, ce qu'il voyait par la pensée.

Un grand nombre de ses manuscrits présentent ainsi quelques figures semblant jetées au hasard, puis recouvertes d'une écriture hâtive.

Parfois, Victor Hugo complétait le croquis ainsi tracé et en faisait un dessin fini dans lequel, alors, toute la pensée du poète était retracée.

C'est là l'origine des dessins qui se trouvent dans l'édition des « Travailleurs de la mer », illustrée par son auteur lui-même.

Le célèbre poète allemand Hoffmann, l'auteur des « Contes fantastiques », employait le même procédé, il pensait en dessinant, et a laissé un nombre considérable de croquis, d'esquisses et de dessins.

On ne saurait, en somme, trop appeler l'attention des jeunes gens et des étudiants sur les services que peut leur rendre l'emploi, aussi large que possible, du dessin personnel dans les études.

CHAPITRE XX

LES PROJECTIONS.

Les projections dans l'enseignement supérieur. — Cours et
conférences. — Agrandissements photographiques. — Tableaux mécaniques.— Curieux procédés de démonstration.
— Les petits appareils.

Depuis quelques années, on commence à employer dans l'enseignement les projections, les
images obtenues sur un écran par l'agrandissement optique de photographies ou de dessins ;
c'est un puissant moyen d'éducation par les
yeux.

Notons toutefois que ce moyen est surtout
employé dans les conférences et les cours d'enseignement supérieur et fort peu dans l'éducation primaire ou secondaire.

Dans les cours du Collège de France et de la

Sorbonne, dans les conférences de la salle du boulevard des Capucines ou de la Société de géographie, dans les cours de l'École d'anthropologie, des projections de grande taille se font journellement et, dans ce but, des appareils à demeure sont installés dans les salles.

Ces projections, jointes à la présentation de spécimens, aux expériences et démonstrations exécutées à l'aide d'appareils, complètent l'enseignement par les yeux joint à l'enseignement oral du professeur.

Par l'emploi des projections, un public nombreux peut voir un dessin ou une photographie qu'il serait pratiquement impossible de faire circuler entre les mains de tous les spectateurs. Au contraire, cette image ou cette photographie étant projetée, atteint sur l'écran d'énormes dimensions qui frappent l'imagination et excitent l'intérêt.

De plus, grâce aux projections, tous les auditeurs ont au même instant la vue de l'image accompagnant les paroles de l'orateur.

Ordinairement, les dessins projetés sont des photographies ; sous l'influence de l'agrandissement, des détails qui pouvaient passer inaperçus par la vue directe du cliché ressortent et deviennent apparents, lorsque celui-ci a été projeté en une grande image.

Parmi les sujets d'étude donnant lieu le plus souvent à des projections, on peut citer l'astronomie ; les images projetées nous montrent les astres et les grands phénomènes célestes.

Dans beaucoup de ces tableaux, les astres se déplacent à l'aide d'un mécanisme souvent fort ingénieux.

Voici la description de quelques-uns de ces tableaux mécaniques :

Pour démontrer la sphéricité de la terre, on emploie un tableau représentant un globe terrestre à la surface duquel circule un navire à voiles, naturellement de proportions fort exagérées ; en faisant mouvoir ce navire, on comprend d'une façon distincte que, par rapport à un point de la surface du globe, si le navire s'éloigne, l'on verra d'abord la coque disparaître la première, puis les basses vergues, les voiles ; il semble peu à peu s'enfoncer au-dessous de l'horizon et bientôt on n'aperçoit plus que l'extrémité supérieure des mâts, qui enfin disparaissent à leur tour. . . . .

Si le navire revient vers le spectateur, le phénomène inverse se produit.

Un autre tableau représente notre système planétaire : au centre, se trouve le soleil et tout autour, dans leurs diverses orbites, circulent les planètes : Mercure, Vénus, la Terre, Mars, Jupiter, Saturne, Uranus, Neptune.

Un troisième tableau montre le mouvement de la terre seule autour du soleil, la périodicité des saisons qui en résulte et le passage successif, par rapport à nous, du soleil dans les constellations qui constituent le zodiaque.

Un autre tableau représente la rotation diurne de la terre, le phénomène du jour et de la nuit, le déplacement de l'heure pour chaque méridien, etc.

Un tableau est consacré à la révolution de la lune autour de la terre, on voit le mécanisme des phases de la lune et des mois lunaires.

La cause du phénomène des marées, d'après l'hypothèse de l'attraction lunaire et solaire combinées, est démontrée à l'aide d'un tableau qui représente les positions successives de la lune, du soleil et de la terre et l'attraction sur la mer qui en est le résultat.

Un tableau donne les orbites relatives de Mercure et de Vénus et les phases d'éclairement que présentent ces deux astres par rapport à nous.

La marche d'une comète est représentée à l'aide d'un tableau dans lequel, grâce à un mécanisme, la queue de la comète est toujours opposée, par rapport à son noyau, au disque du soleil.

La cause des éclipses est rendue fort évidente au moyen d'une figure nous montrant le passage de l'ombre de la terre sur le disque de la lune.

Un autre tableau analogue explique d'une façon aussi démonstrative, l'éclipse du soleil par rapport à la terre.

Il y a quelques années, un conférencier parcourait la province, montrant l'histoire de la terre et de ses transformations successives, à l'aide de magnifiques projections dont la plupart étaient fort ingénieusement mécanisées.

Les projections géographiques sont très nombreuses et donnent une sensation de réalité très frappante.

Les projections, qui accompagnent ordinairement les conférences de la Société géographique, transportent le spectateur dans les pays dont parle le voyageur-conférencier et entrent pour une grande part dans la vogue dont jouissent ces conférences.

On trouve dans le commerce des collections de tableaux pour projections relatives à la physique et à la chimie, à la mécanique, à l'histoire naturelle, l'histoire du globe, les curiosités de la nature, portraits et sujets historiques, etc...

Les projections sont surtout utiles dans les agrandissements micrographiques, lorsque, à l'aide d'un puissant appareil, une préparation, mesurant en réalité une fraction de millimètres, apparaît tout à coup sur un écran, devant un auditoire, avec des dimensions gigantesques, ayant par exemple sept ou huit mètres de hauteur, c'est-à-dire avec un grossissement de près de cinquante millions de fois en surface, cela constitue un spectacle impressionnant, qui reste profondément gravé dans le souvenir et qui, pour beaucoup d'auditeurs, est en quelque sorte la révélation d'un monde nouveau.

L'exhibition faite à Paris, il y a quelques années, sous le nom « des invisibles », d'un spectacle entièrement composé de projections microscopiques, bien que dans celles-ci on cherchât surtout le pittoresque, a été un enseignement pour bien des spectateurs.

Les projections obtenues à l'aide de tout appareil approprié, constituent un excellent moyen d'enseignement par les yeux.

Dans les familles, dans les réunions de jeunes gens, en vue d'études en commun et dans les classes et les écoles les plus modestes, il est possible d'employer l'enseignement par les projections à l'aide d'appareils fort peu coûteux.

La simple lanterne magique peut même être employée dans ce but, en reportant des dessins, des gravures sur les plaques de verre enduites d'un vernis transparent.

On peut de même projeter de cette façon des feuilles, des organes de fleurs, des parties d'insectes et une foule de préparations ayant, soit une certaine transparence ou étant suffisamment démonstratives par leurs seules silhouettes.

D'autres appareils projettent l'image directe d'un objet, d'une gravure, d'un dessin ; ces instruments d'optique auxquels on donnait autrefois le nom de mégascopes, ont subi diverses transformations, tout en étant basées sur le même principe ; le lampadorama et le petit appareil à projections, à lumière électrique, de M. Trouvé sont dans ce cas.

Ces appareils reproduisent sur un écran, avec un agrandissement variant de 10 à 20 diamètres, des images ou gravures telles que : photographies, chromolithographies, dessins, principalement les dessins à traits blancs sur fond noir ; les petits objets, tels que : pièces de monnaie, bijoux, statuettes, minéraux, pierres précieuses, fruits, insectes, organes de plantes ou parties d'animaux qu'il peut être intéressant de montrer à un auditoire composé de quelques personnes, sous un agrandissement relativement considérable.

CHAPITRE XXI

LA VALEUR DU TEMPS

La vie d'un savant. — Les œuvres de longue haleine. —
Le « Temps qui échappe ». — Les heures accumulées.
— Le coefficient des études. — Arts et talents. — Une for-
mule américaine.

Le temps a, dans la vie ordinaire et surtout pendant la durée des études, une importance, une valeur dont on ne se rend pas toujours bien compte
et qu'il nous semble utile de faire ressortir.

On raconte à ce sujet qu'un vieux mathématicien
parvenu à la fin de sa carrière disait à ses élèves :
« Sur les quatre-vingts ans que j'ai vécu, j'ai dé-
pensé vingt-quatre années entières à m'instruire,
huit années à instruire les autres par mes leçons
ou par mes ouvrages. Ce temps, je ne le regrette
pas. Pour les exigences de mon organisme j'ai

dû consacrer vingt-trois années au sommeil, quinze à prendre mes repas, en promenades et aux relations sociales. Mais j'estime que j'ai bien perdu sans aucune utilité dix années en inaction, en recherches d'une bonne méthode de travail, en fausses directions, en apprentissage, en un mot, de la carrière intellectuelle à laquelle je me suis consacré. Ces dix années je les regrette, car grâce à elles j'aurais pu finir des travaux que je laisse inachevés, j'aurais pu profiter de mes années de force et de santé pour accomplir de nouvelles œuvres que maintenant je ne pourrais entreprendre; J'aurais pu enfin, il me semble, augmenter quelque peu la valeur des services que j'ai pu rendre à la science, et la faible part de reconnaissance que m'accorderont peut-être les générations futures ».

Pour tous les travailleurs intellectuels, pour les savants, les écrivains en possession de leurs forces, parvenus à un âge où l'on peut déjà songer au terme de la vie, le manque de temps, pour accomplir des travaux commencés, en entreprendre de nouveaux, finir la tâche, « l'œuvre » à laquelle on a espéré attacher son nom, ce manque de temps est une constante préoccupation.

C'est alors qu'on regrette, en effet, les moments perdus dans la jeunesse, les études négligées dans l'enfance.

Ces pertes de temps lointaines forcent bien souvent l'homme adulte à se remettre à relire, à apprendre, à étudier de nouveau ses premiers livres de classe ; l'obligent à faire des recherches sur des sujets si élémentaires, qu'il rougirait de les avouer, mais sans lesquelles il serait exposé à commettre des erreurs qui pourraient lui être signalées par de jeunes enfants.

Dans le travail, dans la production intellectuelle, sentir le « temps qui échappe », voir les heures s'écouler rapidement, n'avoir pu accomplir le soir la tâche qu'on s'était imposée le matin, est chaque jour une cause de regrets, et ces regrets sont presque toujours d'autant plus prononcés que la fatigue aura été plus excessive.

Dans la jeunesse on ne se rend pas généralement compte de cette valeur du temps ; quand on songe à l'avenir, le terme de la vie semble si éloigné qu'il n'y a pas lieu, croit-on, de s'en préoccuper.

Cependant pour la presque totalité des jeunes gens il y a, au point de vue des études, une échéance à laquelle ils doivent songer, c'est l'époque de l'examen appelé à sanctionner leur travail.

Or, cet examen est en somme une question d'heures accumulées.

Dans la répartition des cours et des travaux donnés aux élèves, les membres dirigeants de l'Université ont estimé que pour parvenir à un résultat donné, au baccalauréat, par exemple, il fallait en moyenne à un élève tant de mille heures de latin, tant d'heures de grec, de français, de mathématiques, etc.

Le jeune élève qui commence une étude, ne se rend pas compte de l'importance, au point de vue du résultat final, du nombre d'heures qu'il y devra consacrer, et cependant les risques d'insuccès à un futur examen, augmenteront d'autant plus qu'il aura davantage supprimé de cette étude un plus grand nombre d'heures.

On a calculé, disons-nous, que pour des élèves d'intelligence et d'aptitudes moyennes, le baccalauréat complet, exige de la part des lauréats, les nombres d'heures suivants consacrés à chaque étude. (Leçons, cours, et travail personnel).

Français, langue et littérature.	6.000 heures.
Latin	4.000 —
Grec	3.000 —
Mathématiques.	2.000 —
Histoire et géographie . . .	2.000 —
Autres études et divers . . .	13.000 —
	—————
	30.000 heures.

Trente mille heures d'études seraient nécessaires en moyenne, pour mener un jeune enfant, entrant dans les premières classes, jusqu'au baccalauréat.

Une remarque à ce sujet, on estime que sur ce temps près de 3.000 heures, soit un dixième du temps des études générales ou un huitième de celui des études classiques, était autrefois et est encore peut-être aujourd'hui, employé par les élèves à tourner les pages d'un dictionnaire. C'est presqu'une année entière de la vie scolaire qui est consacrée à cet exercice.

En dehors des études classiques le travail auquel une personne doit se livrer pour arriver à la possession d'une langue étrangère, d'une science, ou simplement d'un art ou d'un talent se chiffre de même par milliers d'heures.

Pour apprendre l'anglais, par exemple, par leçons, devoirs et exercices, avant d'arriver à parler assez couramment pour converser avec un habitant du Royaume-Uni, il faut de **2.000** à **2.500** heures de travail.

L'allemand, qui est un peu plus difficile, demandera 3.000 heures.

L'italien, plus facile, en raison du grand nombre de racines qui lui sont communes avec le français, ne demandera que 1000 ou 1.500 heures.

Pour les talents : un joueur de piano de bonne force, sans rien d'exceptionnel, aura dû antérieurement étudier pendant cinq à six années, deux heures par jour en moyenne, soit pendant une durée totale de 3.600 à 4.000 heures.

Il en est de même pour l'escrime : **2** ou **3.000** heures de salle d'armes sont nécessaires avant qu'un tireur mérite la qualification de « fort ».

Pour le tir au pistolet, l'adresse acquise, peut jusqu'à un certain point s'évaluer par le nombre des balles placées antérieurement ; **20** ou **30.000** balles tirées sont quelquefois nécessaires avant qu'un tireur devienne habile.

Si nous donnons ces exemples, c'est pour montrer l'importance de la question du temps pour parvenir à un résultat donné, pour montrer que les longues heures de travail et d'étude doivent être considérées dès le début de la vie scolaire, comme une nécessité à laquelle chacun doit se soumettre s'il veut faire quelque figure dans le monde ; pour montrer enfin l'importance de la valeur du temps, à tous les âges de la vie.

Nous rappellerons à ce sujet qu'il y a environ un siècle, le sage Franklin disait à ses compatriotes : « Économisons le temps, mes amis, car c'est l'étoffe dont la vie est faite ». Devise que ceux-ci ont transformée, notamment au point de vue des études, en une formule plus énergique : « Time is science ! Time is money » !

CHAPITRE XXII

LA VALEUR DU TEMPS (*suite*)

Comment travaillent les grands hommes. — Projets d'avenir.
— Rêves ambitieux. — Une saine émulation. — Les modèles de la vie. — Hommes célèbres. — L'antiquité. — Les
légendes. — Les grands travailleurs modernes.

Dans les rêves d'ambition de la jeunesse, on
songe parfois à imiter plus tard les hommes qui
ont laissé un nom dans l'histoire, les hommes
célèbres dont les travaux, dont les œuvres ont
pu parfois provoquer notre admiration et exciter notre zèle.

On songe à exécuter comme eux de belles
choses, de grands travaux, à se rendre utile à
l'humanité, afin de laisser comme eux également,
ment, un nom célèbre dont le souvenir survivra
à l'oubli commun, sera toujours vivant, tou-

jours respecté. Ce sont là de saines et utiles pensées.

Mais lorsqu'on étudie la vie de ces grands hommes, on voit que généralement ils n'ont acquis leur célébrité que grâce à un travail assidu, continué alors même que leur nom était déjà connu, qu'ils étaient arrivés à la gloire, à la fortune, au summum de la puissance.

Si l'on ambitionne leur gloire et même si l'on n'a que des prétentions plus modestes, il est donc utile d'être prémuni contre cette nécessité du travail, il est bon de savoir comment travaillaient ces grands hommes, et de voir quelle importance notamment, ils attribuaient à la valeur du temps.

Parmi les quelques exemples que nous allons citer, les uns sont classiques ; ils sont relatifs aux grands hommes de l'antiquité ; nous croyons utile cependant de les rappeler ; les autres sont plus récents et même quelques-uns sont modernes.

Aristote, qui est incontestablement le plus grand savant dont l'antiquité nous ait laissé le souvenir et une partie des œuvres, est également un des plus grands travailleurs dont on ait fait mention. Il ne perdait pas une minute, disent ses historiens ; il travaillait, prenait des notes, accumulait des matériaux, dépouillait les livres qu'on lui adressait de toutes les parties du monde connu alors.

Il envoyait des copistes dans toutes les bibliothèques. Il réunit une masse de documents, d'ouvrages représentant toutes les connaissances scientifiques de l'époque et les condensa dans l'espèce d'encyclopédie qui constitue son œuvre ; mais s'il put terminer celle-ci, ce ne fut que par suite d'un travail assidu, et la légende rapporte qu'il dictait ou écoutait un liseur même pendant ses repas et qu'il avait réduit la durée de son sommeil au strict minimum nécessaire.

César était d'une activité extraordinaire ; c'est à elle qu'il dut de conquérir sur ses compatriotes une influence considérable, alors qu'il était à un âge où la plupart des hommes cherchent encore leur voie. S'il fut grand général, habile administrateur et bon écrivain, ce fut grâce à un travail de tous les instants. « Personne ne connaissait plus d'hommes et plus de choses, et surtout personne ne les connaissait mieux. » On sait qu'il avait assez de présence d'esprit pour

dicter en même temps des lettres à quatre secrétaires.

Cicéron doit également être placé parmi ces
hommes d'une prodigieuse puissance de travail.
Il sut occuper le premier rang comme tribun,
homme politique, avocat et comme écrivain ;
l'œuvre qu'il nous a laissée est considérable.

On sait que pour économiser le temps il dictait
à des secrétaires, ceux-ci « sténographiaient »
non-seulement ses discours et ses plaidoyers,
mais aussi ses ouvrages, ses lettres, ses notes.
Tiron, son affranchi, inventa à ce propos un système abréviatif qui garda le nom de son inven-
teur et constitue ce qu'on a désigné sous le nom
de notes tironiennes.

Pline, le continuateur d'Aristote, avait comme
celui-ci une extraordinaire aptitude au travail ;
bien qu'ayant des fonctions publiques et les
remplissant avec zèle, il trouvait le temps de
lire, commenter, accumuler les notes, réunir
les matériaux, et enfin écrire sa célèbre histoire
naturelle qui est une encyclopédie des connaissances ou des croyances de l'époque.

Il ne perdait pas un instant et était toujours
accompagné d'un serviteur portant des livres et

des tablettes, et d'un copiste prêt à recueillir
ses observations, ses notes, ses remarques. Il
écoutait ou dictait pendant ses repas, en litière
ou au bain.

Charlemagne fut également un prodige d'activité, comme homme militaire, administrateur,
protecteur des sciences et des lettres, fondateur
d'écoles, savant lui-même. Il ne perdait pas une
minute. Il attribuait une telle importance au
bon emploi du temps qu'il voulut faire, en quelque sorte, une institution modèle dans ce sens,
et créa l'ordre religieux de saint Benoît dans lequel tous les instants étaient réglés de façon à
arriver, dans le cours de la journée, au maximum d'occupations utiles ou considérées alors
comme telles.

On sait qu'une des grandes joies de Charlemagne fut de recevoir une clepsydre que lui envoya le calife Haroun-al-Raschid. Ce qui lui
permettait de régler ses travaux mieux que par
les sabliers généralement employés alors pour
la mesure du temps.

Alfred le Grand, roi d'Angleterre, mérite
d'être signalé par la rigoureuse division du
temps suivant laquelle il répartissait ses di-

verses occupations. Sa journée se partageait en trois parties égales, l'une consacrée à l'administration et au gouvernement, l'autre à la lecture, aux études personnelles, la troisième au sommeil, aux repas, aux exercices du corps. Les horloges étant rares en ce temps (872-900), il mesurait les seize heures de veille au moyen de quatre cierges, brûlant chacun quatre heures dans des lanternes situées à l'entrée du palais; un page l'avertissait successivement quand chacun d'eux était sur le point de s'éteindre.

Henri IV et Sully furent deux modèles d'activité; Sully, notamment, avait réglé ses occupations de façon à donner à chacune d'elles un nombre d'heures déterminé; si une cause fortuite dérangeait cette organisation, il reprenait sur la nuit le temps donné à cette cause.

Le grand Frédéric de Prusse est célèbre par son énergie. Il fournissait chaque jour une somme énorme de travail et de fatigue; il était aussi dur pour lui-même que pour les autres : il se levait à 4 heures du matin. Il ordonnait qu'au besoin on lui jetât sur la figure pour le réveiller un linge trempé d'eau froide. Il ne perdait pas un instant, et c'est à ce labeur de chaque jour, disait-il sur la fin de sa vie, qu'il devait l'agrandissement de son royaume.

Bœrhaave, le célèbre médecin, prétendait qu'il ne devait son savoir qu'à la bonne distribution qu'il avait toujours su faire de son temps. C'est ainsi qu'il acquit une réputation assez universelle, pour qu'une lettre d'Amérique portant cette simple suscription : « Monsieur Bœrhaave en Europe », lui parvînt.

L'historien anglais Thompson a raconté qu'ayant observé que sa femme l'appelait toujours cinq minutes trop tôt à l'heure des repas, il installa un pupitre dans sa salle à manger, et y travaillait pour utiliser ces quelques instants. Or, au bout de peu d'années, ces cinq minutes accumulées lui avaient permis d'écrire une œuvre fort étendue, une histoire d'Angleterre en douze volumes.

On attribue le même fait au chancelier d'Aguesseau ; il écrivit un important ouvrage dans sa salle à manger, sur le coin d'un dressoir, y travaillant pendant quelques minutes avant les repas.

C'est en attendant chaque jour dans un salon une jeune fille noble, à laquelle elle donnait des leçons, que Mme de Genlis composa plusieurs ouvrages d'éducation et de contes moraux.

Cuvier fut également un exemple des résultats que peut donner une grande activité, une utilisation du temps portée à l'extrême, un travail de toutes les minutes.

En voiture, à table, au bain, au conseil il lisait, notait et écrivait. Chez lui il avait une organisation de travail aussi complète que possible : partout des tables, des pupitres, des livres ouverts. La remise au travail, la continuation de l'œuvre commencée n'exigeait de cette façon aucune préparation, aucune perte de temps.

Les deux plus grands travailleurs du xviii° siècle ont été incontestablement Buffon et Voltaire.

Buffon, aussi célèbre comme écrivain que comme naturaliste, travaillait régulièrement quatorze heures par jour. On sait que chaque matin, un domestique avait ordre de venir le réveiller et de le faire lever à cinq heures précises. L'ordre était absolu : si le dormeur faisait quelque résistance, Joseph, le valet, prenait le matelas par un coin et le tirait hors du lit. « Je dois à l'énergie de ce bon Joseph au moins dix volumes en plus dans mes œuvres », disait Buffon à la fin de sa carrière.

Voltaire travaillait également beaucoup et avec régularité. A Ferney, par exemple, quel que fût le nombre de ses invités et de ses commensaux, il s'enfermait dès le matin dans son cabinet de travail, n'en sortait qu'à midi pour prendre un léger repas, travaillait encore quelques heures l'après-midi ; et ce n'est que le soir, endossant alors un habit brodé, qu'il se consacrait tout entier à ses hôtes.

Le docteur Masin Good, auteur d'une traduction célèbre du poète latin Lucrèce, put faire cet important travail dans ses moments « perdus », et notamment en voiture, en allant visiter ses malades.

Le grand Carnot et Napoléon Ier doivent être cités parmi les opiniâtres travailleurs. Si la victoire leur était favorable, c'est qu'elle était organisée par un labeur sans relâche.

Plus récemment, on peut citer comme ayant donné dans leur existence une somme de travail extraordinaire, parmi les historiens, MM. Thiers, Louis Blanc, Edgar Quinet ; parmi les littérateurs, en première ligne se place Alexandre Dumas, père.

Dans un récit de voyage, Alexandre Dumas disait : « Oh ! la bonne, l'admirable chose que le travail, quand on en a été violemment séparé pendant deux ou trois mois de locomotion !

« J'ai subi bien des privations dans mon voyage ; j'ai manqué de tout quelquefois, même de pain, et bien, la privation la plus difficile à supporter pour moi a toujours été celle du travail. »

Le naturaliste anglais, Darwin, était un travailleur infatigable ; la quantité d'observations et de matériaux qu'il a accumulés est considérable. Il trouvait le temps, même pendant ses voyages, et souvent malgré un manque complet de confortable, non-seulement de prendre des notes, mais aussi de produire intellectuellement, de composer des ouvrages.

Il est enfin peu d'hommes ayant donné dans leur vie une somme de travail aussi grande que l'a fait Victor Hugo.

Victor Hugo s'astreignait à un travail quotidien et régulier de six heures de production intellectuelle.

Toujours très matinal, il s'isolait dans son cabinet de travail, et là se guidant sur les matériaux qu'il avait accumulés et sur son imagination, il écrivait l'ouvrage entrepris, et cela d'une grande et ferme écriture dont tout le monde a vu des spécimens.

L'après-midi, il lisait et travaillait encore, mais pour son plaisir, disait-il. C'est grâce à ce labeur régulier de six heures par jour, continué pendant plus de soixante ans et se totalisant par 131.000 heures de production intellectuelle, que Victor Hugo a pu créer une œuvre aussi considérable que celle qu'il a laissée.

Nous terminerons en citant le nom de M. Chevreul, dont la gloire sera non d'avoir vécu plus de cent ans, mais bien d'avoir consacré tout entière, sa longue existence à l'étude, au travail, aux recherches expérimentales, en un mot d'avoir mérité, même dans son extrême vieillesse, le titre de « doyen des étudiants de France. »

Si nous avons donné cette longue liste, c'est afin de montrer quelle importance les hommes célèbres ont toujours attribué à la valeur du temps, afin d'indiquer le travail assidu auquel ils se sont volontairement astreints, et faire voir en somme que la gloire, que le succès s'achètent, s'acquièrent par un labeur assidu, par un travail, une énergie de tous les instants.

CHAPITRE XXIII

LES ÉTUDES TARDIVES.

« Il est toujours temps... » — Les travaux de l'âge mûr. —
Changement de profession. — Effet des circonstances. —
L'évolution du savoir. — Trop vieux... à vingt ans.

Un vieux proverbe français dit qu'il « est toujours temps pour bien faire », on peut dire de même qu'il n'est jamais trop tard pour apprendre.

Il y a, en effet, un grand nombre d'exemples d'hommes étant parvenus à la célébrité dans des études ou des travaux qu'ils n'avaient commencés que dans leur âge mûr ou même leur vieillesse.

Il est à remarquer à ce sujet que dans les professions où le seul but de la vie est de gagner de l'argent, le commerce, l'industrie, l'ambition du travailleur est d'arriver rapidement à une fortune suffisante pour ne rien faire ensuite ; dans les professions « à retraites », les fonctionnaires, l'armée, la magistrature, etc., etc., le désir du fonctionnaire est de se reposer une fois son temps fini, de jouir dans la tranquillité du fruit de son travail antérieur ; or, dans les professions que l'on pourrait appeler intellectuelles chez les écrivains, les chercheurs, les savants, le besoin continuel d'apprendre, d'étudier et de produire n'est pas interrompu par l'âge : l'homme d'étude travaille jusqu'à sa mort.

Voltaire, ayant plus de quatre-vingts ans, disait qu'il apprenait encore tous les jours.

Victor Hugo n'a cessé d'écrire que quelques jours avant sa dernière maladie.

Comme exemples historiques d'études faites dans la vieillesse, nous rappellerons que :

Socrate, pris de passion pour la musique, alors qu'il était déjà très âgé, apprit à jouer de divers instruments, malgré l'ennui du commencement de ce genre d'étude.

Caton, âgé de quatre-vingts ans, apprit le grec.

Plutarque était déjà vieux lorsqu'il apprit le latin.

Jean Gélida de Valence ne commença à étudier les belles-lettres qu'à l'âge de quarante ans.

Henri Spelman entreprit l'étude des sciences à l'âge de cinquante ans.

Fairfax, après avoir été général des troupes du Parlement d'Angleterre, se fit recevoir docteur à Oxford.

Pétrarque se mit à l'étude du grec pendant les dernières années de sa vie.

Colbert reprit l'étude du latin et du droit alors qu'il était âgé de près de soixante ans.

On voit journellement des personnes âgées se remettre à apprendre, afin de pouvoir contribuer à l'éducation de leurs enfants.

On raconte que Le Tellier, étant chancelier de France, se faisait répéter la logique « pour en disputer avec ses petits-enfants. »

Nous avons vu une dame qui étudiait le latin afin de pouvoir donner des leçons à ses fils qui suivaient les cours du lycée.

On voit parfois des hommes, arrivés à l'âge adulte, se décider tout à coup à embrasser une nouvelle carrière, se remettre à des études qu'ils ont quittées depuis longtemps, passer des examens, retourner aux cours et dans des écoles où ils se retrouvent avec des jeunes gens dont ils pourraient presque être pères, conquérir des diplômes et alors embrasser une nouvelle profession.

Ainsi, quelquefois, dans les écoles de médecine, à côté de jeunes étudiants, on rencontre des adultes, des hommes d'un âge mûr, quelquefois même, presque des vieillards.

L'année dernière, un ingénieur des ponts et chaussées en retraite suivait les cours de la faculté de médecine de Paris, assistait assidûment aux leçons, aux cours, aux travaux pratiques, ne craignait pas de demander des renseignements, des conseils aux internes et aux chefs de clinique, bien que ceux-ci fussent beaucoup plus jeunes que lui. Il travaillait avec l'ardeur d'un jeune homme au début de sa carrière, alors que lui en somme en commençait une seconde.

Ces exemples montrent qu'à tout âge on peut s'adonner à de nouvelles études, quelque difficiles, quelque longues qu'elles soient, et on en retirera si ce n'est un profit pécuniaire, tout au moins ce profit intellectuel que donne dans l'étude volontaire toute nouvelle acquisition cérébrale. Cette satisfaction, qui compense bien des veilles, bien des fatigues, à laquelle les érudits, les savants font le sacrifice de leur existence, que l'on a comparée à une sorte d'appétence intellectuelle insatiable, fait qu'on étudie avec plaisir, avec passion, et que l'on aime en un mot l'étude pour l'étude.

Quand on voit des jeunes gens d'une vingtaine d'années se trouver trop vieux pour s'adonner à de nouvelles études, pour acquérir des talents dont ils reconnaissent alors l'utilité, on peut leur rappeler les exemples que nous venons de citer, leur faire comprendre que leur travail sera facilité en raison de leur âge et du plus d'attention et d'intérêt qu'ils sauront y apporter, et que même s'ils étaient beaucoup plus âgés, ils seraient assurés d'être récompensés de leurs efforts si ce n'est par un profit direct, tout au moins par un profit intellectuel et par ce sentiment de satisfaction personnel, qui compense amplement dans la vie les peines que l'on s'est données.

CHAPITRE XXIV

L'AMOUR DU TRAVAIL

Le désir d'apprendre. — Travaux méritoires, — Artisans érudits. — Débuts difficiles. — Efforts prodigieux. — Quelques exemples. — Pour réussir. — La lutte pour la vie.

Il est tout un groupe d'hommes d'études, de savants qui méritent d'être cités comme exemples, en raison des difficultés qu'ils ont eues à vaincre, du courage et de la force de volonté dont ils ont fait preuve, de l'amour de l'étude qu'ils ont témoignée.

Ces hommes, ce sont les artisans qui par leur travail sont parvenus à une grande situation, ou ceux encore qui ne trouvant pas dans la science le moyen de vivre, ont dû consacrer une partie de leur temps à un travail manuel, et sont restés ouvriers bien qu'ils aient mérité le titre de savants.

Le désir de s'instruire, d'apprendre pour savoir et non dans le but d'en tirer un gain, est porté à un degré extraordinaire chez quelques personnes : adolescents, jeunes gens, adultes, auxquels la situation de fortune ne permet pas de participer à l'enseignement régulier des lycées ou des grandes écoles. On en acquiert la preuve en assistant aux cours populaires du soir qui sont donnés à Paris par les grandes associations telles que l'Union Française de la jeunesse, les Associations Polytechnique et Philotechnique. — A ces cours assistent de jeunes ouvriers en cotte de travail, des hommes faits qui, leur journée de labeur terminée, au lieu de prendre un repos bien gagné, viennent quelquefois de fort loin pour assister à un cours qui les intéresse.

Les professeurs de ces associations qui de leur côté donnent gratuitement leur temps, leur savoir, sont soutenus dans leur dévouement par le plaisir de s'adresser à ces élèves avides d'apprendre.

A un de ces derniers cours du soir, sur les sciences physiques, nous avons vu venir pendant longtemps, un ouvrier forgeron, d'une quarantaine d'années qui avant d'entrer dans la salle roulait son tablier de cuir et le plaçait sous son bras. Il arrivait toujours avec quelques minutes de retard parce qu'il ne sortait de son atelier qu'à 8 heures, heure à laquelle commençait le cours, il reculait son repas du soir jusqu'après celui-ci. Notons qu'en raison de cette bonne volonté, le professeur avait toujours soin, sous prétexte de récapitulation, de répéter pour l'ouvrier forgeron ce qu'il avait déjà dit au commencement de la leçon.

Les exemples historiques d'artisans érudits sont très nombreux, nous en rappellerons quelques-uns.

On connaît l'histoire de *Jacques Amyot*, qui fils d'un brave corroyeur, travailla à ce métier, vint à Paris, fut commissionnaire à la porte d'une école, domestique dans une famille, et c'est en écoutant à la dérobée les leçons qu'on donnait à ses jeunes maîtres qu'il commença à apprendre le latin, le grec, la philosophie, les mathématiques. Jacques Amyot a traduit Plutarque, il fut aumônier de Charles IX, évêque d'Autun et de Melun, il est mort en 1593.

Éléazar Férouce vivait vers 1625 dans les environs de Grenoble ; il était jardinier dans un château ; il faisait des observations astronomiques à l'aide d'instruments qu'il s'était construit lui-même. Gassendi a fait mention de ses travaux.

Le cordonnier hollandais. *Théodore Rembrandsz*, né vers 1640, publia un ouvrage étendu sur le système de Copernic.

Un ouvrier pelletier-fourreur, *Jean Jordan*, de Stuttgart, fut un mathématicien éminent et un mécanicien fort ingénieux.

Un tisserand de Lisieux, nommé *Jean Lefèvre*, était assez fort mathématicien pour qu'il pût calculer une table du passage de la lune au méridien. Il devint plus tard attaché au bureau de la connaissance des temps.

Vers 1710, un berger d'Ecosse, *Jacques Fergusson*, s'était construit en bois des instruments d'astronomie ; il s'adonna aux mathématiques et devint membre de la Société royale de Londres et professeur de physique des plus estimés.

Beaumarchais, l'auteur fameux du *Mariage de Figaro* était le fils d'un horloger et embrassa lui-même cette profession. Dans la journée il réparait les montres, le soir il étudiait et s'exerçait à des travaux littéraires.

Le berger tyrolien *Pierre Anich* se mit à l'étude alors qu'il était âgé de 28 ans ; il descendait de la montagne les dimanches et les jours de fête pour lire et étudier. *Pierre Anich* fut chargé officiellement par le gouvernement autrichien de dresser une carte du Tyrol.

Le philosophe *Burrit*, qui a laissé un nom célèbre, connaissait dix-huit langues anciennes, et vingt-deux langues européennes. Or il était forgeron et gagnait sa vie par son travail manuel. Ce n'est que dans ses heures de repos qu'il pouvait se consacrer à l'étude.

Le cultivateur saxon *Jean-Georges Palitzsch*, né en 1723, mathématicien, botaniste, astronome, correspondant de la Société royale de Londres, employait tous ses loisirs à étudier ; il n'abandonna jamais son métier de laboureur.

Un cordonnier de Rouen, *Pasquier*, est mort en laissant en manuscrit un « Dictionnaire historique et critique des hommes illustres de la Normandie » en neuf volumes in-quarto de onze cents pages chacun, qui représentent environ quatre-vingts volumes ordinaires.

Diderot fut apprenti coutelier chez son père et s'annonçait ouvrier fort habile.

L'astronome *Jean-Louis Pons*, né en 1761, fut d'abord manœuvre à l'Observatoire de Marseille, il se mit peu à peu aux observations, découvrit trente-sept (37) comètes, en calcula les orbites ; on a, notamment, donné son nom à l'une d'elles. Il devint directeur de l'Observatoire de Marlia et plus tard de celui de Florence.

Plus récemment *Achaintre*, le savant philologue helléniste a été tour à tour soldat, instituteur, correcteur d'épreuves et bouquiniste sur les quais de Paris.

Rappelons aussi ce pauvre vicaire de campagne *Adrien Baillet*, l'auteur des *Jugements des savants* qui, lorsqu'il se décida à venir à Paris pour s'y livrer aux études qui le passionnaient, était réduit à ne faire qu'un seul repas par jour et à étudier le soir dans la rue à la lueur des lanternes et des lumières des magasins.

En 1869 il y avait à la bibliothèque Sainte-Geneviève, comme bibliothécaire, un homme dont l'histoire est intéressante, c'était M. *Pierre Pinçon*. Auparavant il était simple coiffeur et pendant une trentaine d'années il avait exercé cette profession tout en se livrant à ses études favorites. Ce fut un rapport sur un de ses travaux, lu par M. Dupin à l'académie française qui lui valut d'être nommé bibliothécaire.

Un autre érudit M. *Longnon*, auteur de la géographie de la Gaule au XVI° siècle, ouvrage auquel le grand prix Gobert fut décerné par l'Institut en 1879, a été cordonnier pendant bien des années.

On a groupé du reste les noms de quelques hommes célèbres ou d'érudits — qui avaient exercé la profession de cordonnier.

Cette liste fait honneur à la corporation :

Le pape *Urbain IV* avait été cordonnier.

Le grand *Linné*, le célèbre botaniste, débuta aussi par la cordonnerie et quand il était étudiant à l'Université d'Upsal il parvenait à se créer quelques ressources en raccommodant les chaussures de ses camarades.

Le célèbre archéologue et philosophe *Winckelmann* était fils d'un savetier ; pendant longtemps il travailla au métier paternel.

Un autre archéologue *John Brandt*, secrétaire de la société des antiquaires de Londres avait débuté également par la cordonnerie.

Le savant *Baldinus* ou tout simplement *Benoît Baudoin* fabriqua d'abord des souliers. Plus

tard devenu illustre, il écrivit une savante histoire de la chaussure depuis l'antiquité jusqu'à
son époque : *De calceo antiquo et mystico.*

Autre exemple : il y a quelques années M.
Bertrand présentait à l'Académie des Sciences
une série d'excellents mémoires sur des questions de mathématiques supérieures. Ces mémoires étaient dus à un simple cordonnier M.
Rigaut qui s'était instruit seul, avait appris les
mathématiques sans maître et consacrait à cette
étude tout le temps qu'il pouvait dérober aux
labeurs qui lui assuraient le pain quotidien.

A propos d'un ouvrage d'érudition, « Les
seigneurs de Marly » présenté à l'Académie, et
dus à un ouvrier serrurier, M. *Adrien Maquet,*
un membre de l'académie faisait très juste-
ment ressortir les difficultés de la science pour
les ouvriers. « On a vu des ouvriers poëtes,
dit-il, mais l'ouvrier érudit, le cas est rare et
cela s'explique : — l'érudition....... c'est l'étude
appliquée, c'est la lecture, c'est la recherche, le
déchiffrement des parchemins et des chartes,
c'est la course aux documents, c'est le contrôle et
la comparaison des vieux textes, c'est la fouille
des dossiers, des greniers, des casiers, etc. Et

tout cela ne se fait pas en graissant des serrures et en faisant marcher des sonnettes.

« Enfin, le poète peut rimer partout, comme l'oiseau chante ; mais il est bien difficile de déchiffrer un texte en soufflant la forge ! »

Parmi les ouvriers érudits étant parvenus à se faire un nom dans la science, le géologue *Marie Rouault* mérite une mention toute spéciale.

Né à la campagne, d'une famille de tâcherons, il fut d'abord employé à la garde des troupeaux. A dix ans, il réunissait dans le coin d'une étable une collection de minéraux qu'il avait classés par analogie de couleur et d'aspect. C'est vers cet âge qu'il apprit à lire seul sur les pages déchirées d'un vieux missel, grâce aux quelques conseils d'un petit camarade qui, lui, allait à l'école.

Placé apprenti chez un barbier de village, il consacrait toutes ses petites économies à l'achat de livres.

Quelques années plus tard, il trouva dans son métier de barbier les ressources nécessaires pour voyager en France, en Suisse, en Espagne, pour venir à Paris suivre les cours du Muséum et de nos grandes écoles et cela, tout en réunissant une collection géologique hors ligne.

Cette collection acquise par la ville de Rennes constitue le superbe musée géologique de cette ville.

Ce musée porte le nom de son fondateur, Marie Rouault, et bien peu de visiteurs ou de savants admirant ces collections, se doutent que c'est le résultat de la persévérance et des efforts d'un modeste barbier.

Le mérite de la position conquise dans le monde est d'autant plus grand que l'origine a été plus humble, le début plus pénible.

Ceux qui ont commencé leur vie dans le travail et la gêne, et sont ensuite arrivés à laisser un nom illustre, ont évidemment franchi un plus grand espace que ceux qui, bien que parvenus au même point, ont eu dès le début de la vie, la richesse, des maîtres éminents, une facilité d'instruction et de travail leur rendant aisé l'accès de la carrière qu'ils ont choisie.

« Posvreté empesche bons esprits de parvenir », disait Bernard Palissy, cette parole décourageante est heureusement souvent mise en défaut, comme nous venons de le voir, par ceux qui dans la lutte pour la vie, apportent une dose suffisante de courage, de volonté et d'amour du travail.

CHAPITRE XXV

LA PRÉPARATION AUX EXAMENS.

Études sérieuses et complètes. — Le danger des lacunes. — Labeur quotidien. — Quiétude mentale. — Assimilation intellectuelle. — Inconvénients du surmenage tardif. — Les questions mûries. — Opinion des examinateurs. — La meilleure préparation.

Dans la préparation en vue d'un examen, surtout lorsque celui-ci est, en quelque sorte, la sanction de plusieurs années d'études, comme est le baccalauréat pour les jeunes gens, et le brevet de capacité pour les jeunes filles, il est presque chimérique de compter pour réussir, sur un effort, un coup de collier, effectué dans les derniers mois, les dernières semaines précédant l'examen.

Si quelques candidats réussissent en employant ce moyen, c'est par l'effet d'un hasard, d'une chance favorable ; mais les inconvénients en sont nombreux.

Il résulte, d'abord, de ce travail qui, pour avoir quelque chance d'utilité, doit être excessif, une grande fatigue cérébrale et corporelle, un surmenage dangereux. De plus, l'inquiétude qu'on a sur le résultat final, fait regretter amèrement de ne pas s'être astreint à une préparation méthodique, de n'avoir pas utilisé d'une façon constante les heures de classe ou d'étude pendant lesquelles on était à même d'acquérir les connaissances nécessaires, par un travail soutenu, peu fatigant, en somme, en raison de sa répartition sur une longue durée de temps ; en raison aussi de l'habitude que l'on acquiert facilement lorsqu'on s'adonne à un travail régulier dans lequel chaque jour apporte son labeur, et permet l'accomplissement de la tâche donnée.

Cette répartition des études sur un long espace de temps, sur plusieurs années, par exemple, présente un autre avantage, c'est l'assimilation complète des matières étudiées.

On a souvent comparé, avec quelque raison, le cerveau à l'estomac ; si, à la hâte, on surcharge d'aliments ce dernier organe, ceux-ci ne sont pas assimilés, les fonctions digestives ne peuvent s'exercer, et l'influence bienfaisante et réparatrice qu'ils auraient pu avoir est entièrement perdue pour l'organisme.

Nous rappellerons que la physiologie nous montre qu'il en est absolument de même pour le cerveau. L'assimilation des études est d'autant plus complète qu'elle est successive et continue. Que ce soit la parole du maître ou la lecture d'un texte, les connaissances acquises se gravent d'autant mieux dans la mémoire, se fixent d'autant plus profondément dans le souvenir qu'elles ont été isolées, pour ainsi dire, au moment de leur acquisition.

S'il n'y a pas eu, alors, surcharge, encombrement de données et de faits, le cerveau a pu consacrer pendant un certain temps toutes ses forces, toute son activité organique, à leur fixation dans le souvenir.

En outre, quand cette impression initiale a été suffisante, l'esprit dans un travail mental continu, « le travail cérébral inconscient » revoit la même question, l'envisage sous divers points de vue, l'approfondit, évoque des comparaisons, des rapports. Ces comparaisons peuvent être provoquées par des lectures, des conversations, et par de nouvelles acquisitions auditives ou visuelles, toutes choses qui donnent au fait primitivement appris une ineffaçable assimilation.

Cette possession complète du sujet ainsi envisagé sous des formes multiples, permettra dans les examens, de répondre avec certitude, quelle que soit la forme de l'interrogation, quel que soit le point de vue auquel voudra se placer l'examinateur. Or, il est à remarquer que les examinateurs consciencieux ont en grande estime et apprécient d'une façon particulière les réponses dans lesquelles le candidat fait preuve non-seulement de savoir, mais aussi de raisonnement et de jugement.

CHAPITRE XXVI

LE TRAVAIL ACCÉLÉRÉ.

Regagner le temps perdu. — Préparation hâtive. — Temps limité. — Méthode de travail. — Manuels et résumés. — Aperçu des questions. — Réponses suffisantes.

L'assimilation complète des études, disons-nous, ne peut aussi bien s'effectuer, faute de temps, dans les études hâtives que dans celles qui ont été suivies méthodiquement, quels qu'aient été, dans le premier cas, les efforts accomplis et l'énergie dépensée.

Ces études peuvent faire acquérir, cependant, la somme des connaissances exigées par un programme en vue d'un examen, elles peuvent faire réussir le candidat, mais il est incontestable qu'elles le prémunissent beaucoup moins que les secondes contre le hasard des interrogations.

Bien qu'une préparation méthodique répartie sur un grand nombre d'années soit ,préférable, comme nous l'avons dit, il est évident que lorsqu'elle n'a pu avoir lieu ou qu'elle est incomplète, le candidat, s'il veut réussir, doit se soumettre à une préparation hâtive, accélérée. Il devra y consacrer alors toute son énergie et tous ses efforts, de façon à acquérir dans un temps plus ou moins limité les connaissances exigées par le programme de l'examen auquel il veut se présenter.

Cette préparation accélérée, pour être fructueuse, doit être faite avec une certaine méthode. Il s'agit, en somme, d'utiliser aussi bien que possible le temps dont on dispose, les efforts que l'on peut donner. Mais, nous le répétons, c'est là un genre de travail anormal qu'on ne saurait conseiller comme règle, mais auquel, cependant, dans certaines circonstances, il devient indispensable de se soumettre.

Le travail hâtif étant envisagé à ce point de vue, voici à ce sujet les conseils que nous donnerons.

Si le temps presse, si quelques mois ou quelques semaines seulement séparent de l'époque de l'examen, le travail doit être matériellement abrégé dans l'étude jusqu'à l'extrême limite du possible.

Il est évident qu'en raison de ce temps limité, il devient difficile d'employer les livres classiques ordinaires et, à plus forte raison, des livres étendus, des traités complets, dont ailleurs nous avons préconisé l'usage. C'est alors qu'il est utile de faire usage des manuels, des résumés, des questionnaires, des compendiums, en un mot des ouvrages qui donnent tout au moins, sur chaque sujet, une idée, une notion, qui permettra de répondre à la question de l'examen. Si cette réponse est faite à propos, si le candidat sait bien utiliser ce qu'il a appris, il pourra satisfaire l'examinateur et obtenir une note suffisante pour être reçu.

Les manuels sont aussi quelquefois utiles, comme nous allons le voir, pour la récapitulation hâtive des matières étudiées il y a un certain temps.

CHAPITRE XXVII

HYGIÈNE DU TRAVAIL ACCÉLÉRÉ.

Questions physiologiques. — Le cerveau et l'estomac. — Alimentation préférable. — Travail et repos. — Une bonne répartition. — Un sommeil suffisant. — Entraînement cérébral.

Dans ces jours de travail excessif, les questions physiologiques, tant corporelles que cérébrales, tiennent une place prépondérante.

Il s'agit en somme de maintenir l'organisme dans des conditions qui lui permettent de résister à la fatigue qu'on lui impose.

L'alimentation, par exemple, doit être suffisamment abondante ; mais il faut qu'elle soit facilement digestible et d'un volume assez réduit pour ne pas surcharger l'estomac.

Sans entrer dans des considérations trop techniques, nous ferons remarquer que les potages, les viandes rôties ou grillées, le poisson, se trouvent dans ces conditions, tandis que les viandes hachées, les ragoûts et certains légumes, tels que les crucifères et les légumineuses sont, au contraire, d'une digestion généralement pénible.

Même à ce moment, alors que les heures d'études sont précieuses, c'est commettre une erreur, une funeste économie de temps, de se mettre au travail immédiatement après le repas.

La digestion se fait généralement mal, pendant un travail cérébral appliquant ; l'activité organique est sollicitée à la fois par le cerveau et par l'estomac, et ni l'une ni l'autre des fonctions de ces deux organes ne s'accomplit régulièrement.

Il y a un retard dans la digestion, d'où il résulte incontestablement un retard dans le moment où le cerveau peut être en complète possession de ses moyens et donner un travail fructueux.

Il est donc préférable, au point de vue de l'économie de temps, d'attendre que la digestion soit suffisamment avancée pour que l'organisme puisse subir l'effort d'un utile travail cérébral.

Une demi-heure ou trois quarts d'heure, suivant les individus, sont en quelque sorte l'intervalle nécessaire entre la fin du repas et la reprise du travail.

Dans ces circonstances de fatigue intellectuelle, il peut être utile d'avoir recours aux boissons légèrement excitantes ou toniques.

Le café, pris en quantité modérée, pendant les séances d'étude, redonne du courage et une énergie suffisante pour continuer la tâche commencée.

Notons qu'à ce point de vue le café, pris immédiatement après le repas, a une action beaucoup moins manifeste que celui pris à jeun ou longtemps après le déjeuner.

Le thé peut donner également de bons résultats. Les vins chauds et toniques, tels que le vin de Malaga, les Banyuls, les vins du midi secs ou sucrés, pris naturellement en quantité modérée, au milieu des séances, peuvent avoir également le pouvoir de combattre la fatigue cérébrale et corporelle.

Des écrivains, des travailleurs, dans un moment de presse ou de surcharge de travail, peuvent passer des nuits entières au travail, en soutenant leur énergie au moyen de quelques biscuits trempés dans du vin de Malaga.

Dans ces circonstances, dans ce dernier effort, il peut être utile de prolonger le travail un peu tard dans la nuit, d'augmenter le nombre des heures de séances d'étude, en diminuant, dans la limite du possible, le temps consacré au sommeil.

Toutefois, cette diminution du sommeil ne doit pas être excessive et la durée du repos doit avoir un minimum suffisant pour être réparatrice, pour que le lendemain la fatigue soit dissipée, et que le corps et l'esprit soient dispos et prêts au travail.

Si la durée du sommeil est insuffisante, les heures d'étude gagnées le soir sont reperdues, en quelque sorte, le matin, par suite de l'engourdissement du corps et du cerveau, de la lourdeur de la tête, de la difficulté de la perception intellectuelle et de l'impossibilité de concentrer l'attention sur un travail quelque peu abstrait.

Les veilles trop prolongées et à plus forte raison les nuits blanches, loin d'être favorables à l'étude, lui sont au contraire des plus funestes.

Pour résister au sommeil du soir et conserver tous ses moyens, il est quelquefois utile de
prendre un excitant, par exemple, un peu de thé
ou de café.

Certains travailleurs se soumettent encore à une
attitude peu confortable, telle que : être assis sur
un tabouret ou une chaise dure ; étudier de-
bout ; quelques-uns même combattent le sommeil en prenant une position gênante, soit un
genou sur une chaise ou même les deux genoux
sur le plancher ; c'est dans cette dernière position, notamment, que le célèbre orateur Jules
Favre étudiait, au début, ses plaidoiries.

D'autres, pour ne pas succomber à la som-
nolence tiennent dans la main gauche, apposée
au rebord d'une table, un objet lourd, un
couteau, une boule de métal ou une simple pierre ;
s'ils sommeillent, ils laissent inconsciemment
échapper cet objet et le bruit qu'il fait en tom-
bant sur le plancher, sur une bassine, ou sur
une cuvette en métal est suffisamment fort pour
dissiper leur engourdissement et leur permettre
de continuer leur travail.

Beaucoup d'écrivains ou de travailleurs étu-
dient, lisent ou produisent intellectuellement en

préférant à un fauteuil un simple escabeau de bois ; ils estiment, avec quelque raison, que le travail du soir est difficile à prolonger au-delà de la durée ordinaire et qu'il est pénible également de résister au sommeil, quand on est confortablement installé dans un fauteuil.

Ce sont là des considérations qu'il est bon de connaître, bien que, nous le répétons, le travail du soir trop prolongé est plutôt nuisible qu'utile au point de vue des études et de la préparation aux examens; une fatigue exagérée pouvant être préjudiciable au labeur du lendemain.

CHAPITRE XXVIII

LA RÉVISION DES ÉTUDES

Un travail nécessaire. — Rafraîchir la mémoire. — Une méthode accélérée. — Titres et sommaires. — Les idées réveillées.

Nous rappellerons que pour effectuer une récapitulation rapide et fructueuse il suffit de voir les titres des chapitres, les sommaires, les tables, ou de parcourir les alinéas des ouvrages sur lesquels on a précédemment étudié.

La récapitulation dans un livre qu'on connait, à la lecture duquel on est habitué, dont la disposition est familière, est beaucoup plus rapide et plus efficace que l'étude hâtive des mêmes matières, faite dans un livre nouveau avec lequel on a, en quelque sorte, à se familiariser.

Nous ne conseillons l'emploi des manuels pour

la récapitulation des études, que seulement dans le cas où celle-ci ne peut être faite sur les ouvrages classiques auxquels on est habitué depuis long-temps.

Pendant les dernières semaines, les derniers jours séparant de l'examen, le travail de la récapitulation peut être exclusif, on peut demander pour lui à l'organisme toute la somme d'efforts qu'il est susceptible de donner. Il s'agit en effet de faire un dernier effort pour la revision des études, d'où peut dépendre le succès final.

Cette dernière récapitulation a pour but de mettre en activité toutes les cellules cérébrales, de les préparer à satisfaire aux questions des examinateurs, de rendre présentes à l'esprit toutes les études embrassées pendant plusieurs années de travail. Elle a en somme pour résultat, ainsi que l'indique l'expression usuelle, « de rafraîchir la mémoire ».

On en profite pour revoir, repasser plus en détail tous les points qui sembleraient obscurs, incomplètement connus, ceux qui ne se présenteraient pas d'une façon bien nette à l'esprit.

Dans cette récapitulation de toutes les études antérieures, il est naturellement utile de combattre la monotonie que peut présenter un travail prolongé durant de longues heures, en ayant recours à tous les moyens susceptibles de fixer l'attention et d'entretenir l'intérêt, et même alors à quelques procédés spéciaux que justifient les nécessités « du dernier effort ».

CHAPITRE XXIX

LE DERNIER EFFORT.

Les conditions du travail excessif. — L'engourdissement du cerveau, ce qu'il faut éviter. — Fatigue profitable. — Bonne utilisation. — Quelques procédés de travailleurs. — L'entourage du candidat. — Confiance communicative. — Une condition de succès.

Dans ce dernier effort, alors que le corps sera toujours un peu fatigué et la tête alourdie, on trouvera encore moyen de réagir contre cette fatigue, si on observe quelques précautions.

Il est bon, par exemple, de travailler en articulant, au lieu de se contenter de la lecture mentale, mais, pour éviter la perte de temps que donnerait une répétition orale complète de ce qu'on vient de lire, on peut l'abréger et n'articuler que quelques mots, les principaux, ceux qui fixent le sens ; condensant, pour ainsi dire, le résumé que l'on apprend en une sorte de style télégraphique.

Dans ce dernier travail de récapitulation, il est également utile de combattre la fatigue cérébrale et l'espèce d'engourdissement corporel et mental, résultant d'une trop longue station assise.

A ce point de vue, nous ferons remarquer que quelques pas faits, de temps en temps, dans une pièce, tout en travaillant, diminuent beaucoup l'engourdissement cérébral, résultant d'un travail trop prolongé et permettent, en somme, d'augmenter la durée de celui-ci.

Nous ne conseillons pas, toutefois, le travail accompli en marchant dehors au grand air; nous croyons que, dans ce cas, l'exercice physique accapare presque toujours les forces de l'organisme aux dépens du but cherché en ce moment, qui est l'entretien de l'activité cérébrale; d'un autre côté, la succession des objets qui frappent nos yeux pendant la marche, tend à produire des enchaînements d'idées contre lesquels il est difficile de réagir.

Il arrive un moment dans le travail excessif où la fatigue cérébrale est manifeste, où le cerveau ne fonctionne plus ; les mots vus dans la lecture ou entendus par l'articulation ne sont plus assimilés par l'intelligence, n'ont plus de sens significatif; les organes les perçoivent mécaniquement, mais sans les garder.

Naturellement, tout travail accompli dans ces conditions est perdu pour le but qu'on se propose, s'opère sans aucun profit et amène une fatigue cérébrale et corporelle complètement inutile.

Les séances de travail doivent donc être interrompues avant ce moment et le corps doit être reposé de son inaction, soit par un exercice modéré accompli au grand air, soit par un repas ou par le sommeil.

Nous rappellerons que le calme, la tranquillité, l'absence de bruit et de mouvement sont favorables à ce repos.

L'animation du milieu, le bruit de la rue, même les plaisirs, à plus forte raison les chagrins, les ennuis, s'opposent, au contraire, à son accomplissement, conservent le cerveau et les centres de perception dans une activité, dans un travail continu, empêchant la réparation organique qui dissipe la fatigue, de s'effectuer.

Une dernière remarque : les personnes qui entourent le candidat influent sur ses chances de succès. Elles peuvent, en effet, non-seulement lui adoucir l'aridité de ses études, en lui facilitant les moyens de travailler dans de bonnes conditions matérielles, mais encore avoir sur son moral une influence incontestable.

Elles doivent d'abord lui éviter toute préoccupation autre que celle de l'examen ; elles doivent, en outre, autant que possible, sembler être assurées du succès et faire partager leur confiance au candidat.

Il importe, en effet, que celui-ci ait, au moment décisif, un courage suffisant, qu'il ne doute pas de lui-même, qu'il évite le découragement, et, qu'en somme, il soit, en passant son examen, dans une bonne disposition d'esprit, en possession de tous ses moyens.

C'est pour les candidats aux examens surtout que la devise militaire suivante se justifie : « Croire au succès dans une bataille est déjà l'avoir à demi gagnée. »

FIN

TABLE DES MATIÈRES

SOMMAIRE DES CHAPITRES

CHAPITRE III

« L'ATTRAIT » DANS LES ETUDES

CHAPITRE IV

L'ATTENTION

CHAPITRE V

L'ATTENTION (*suite*)

CHAPITRE VI

LES HEURES D'ÉTUDES

CHAPITRE VII

LA LECTURE

CHAPITRE VIII

LA LECTURE (*suite*)

CHAPITRE IX

LA RÉCAPITULATION

CHAPITRE X

L'EXEMPLE ET L'ÉMULATION

CHAPITRE XI

L'ÉCRITURE

CHAPITRE XII

L'ÉCRITURE (*suite*)

CHAPITRE XIII

LES LEÇONS DE CHOSES

(Premier degré)

CHAPITRE XIV

LES LEÇONS DE CHOSES (*suite*)

(Dans l'enseignement supérieur)

CHAPITRE XV

LES LEÇONS DE CHOSES (*suite*)

CHAPITRE XVI

IMAGES ET GRAVURES

CHAPITRE XVII

LES IMAGES COMME MOYEN DE RECHERCHES

CHAPITRE XVIII

LA PHOTOGRAPHIE DANS L'EDUCATION

CHAPITRE XIX

LE DESSIN PERSONNEL

CHAPITRE XX

LES PROJECTIONS

CHAPITRE XXI

LA VALEUR DU TEMPS

CHAPITRE XXII

LA VALEUR DU TEMPS

COMMENT TRAVAILLENT LES GRANDS HOMMES

CHAPITRE XXIII

LES ÉTUDES TARDIVES

CHAPITRE XXIV

L'AMOUR DU TRAVAIL

CHAPITRE XXV

LA PRÉPARATION AUX EXAMENS

CHAPITRE XXVI

LE TRAVAIL ACCÉLÉRÉ

CHAPITRE XXVII

HYGIÈNE DU TRAVAIL ACCÉLÉRÉ

CHAPITRE XXVIII

LA RÉVISION DES ÉTUDES

CHAPITRE XXIX

LE DERNIER EFFORT

FIN DE LA TABLE DES MATIÈRES

Laval. — Imprimerie et Stéréotypie E. JAMIN.